贫困落后地区增强自我发展能力研究

——以贵州省为例

李鸿 著

中国社会科学出版社

图书在版编目（CIP）数据

贫困落后地区增强自我发展能力研究：以贵州省为例/李鸿著．—北京：中国社会科学出版社，2015.8

ISBN 978－7－5161－6753－3

Ⅰ.①贫…　Ⅱ.①李…　Ⅲ.①贫困区—区域经济发展—研究—贵州省　Ⅳ.①F127.73

中国版本图书馆CIP数据核字(2015)第182406号

出版人	赵剑英
责任编辑	李庆红
责任校对	周晓东
责任印制	王　超
出　　版	中国社会科学出版社
社　　址	北京鼓楼西大街甲158号
邮　　编	100720
网　　址	http：//www.csspw.cn
发行部	010－84083685
门市部	010－84029450
经　　销	新华书店及其他书店
印刷装订	三河市君旺印务有限公司
版　　次	2015年8月第1版
印　　次	2015年8月第1次印刷
开　　本	710×1000　1/16
印　　张	12
插　　页	2
字　　数	203千字
定　　价	45.00元

凡购买中国社会科学出版社图书，如有质量问题请与本社营销中心联系调换
电话：010－84083683

目 录

绪 论…………………………………………………………………………… 1
一 选题背景和研究意义……………………………………………… 1
二 结构与内容………………………………………………………… 3
三 技术路线…………………………………………………………… 3
四 创新与不足………………………………………………………… 4

第一章 基本范畴界定与文献综述……………………………………… 7

第一节 区域自我发展能力及相关范畴界定…………………………… 7
一 概念缘起背景……………………………………………………… 7
二 核心概念的界定 ………………………………………………… 10
三 相关范畴的界定 ………………………………………………… 11
第二节 相关理论梳理与文献述评 …………………………………… 14
一 内生增长与区域发展述评 ……………………………………… 15
二 经济发展阶段理论述评 ………………………………………… 20
三 发展战略理论研究述评 ………………………………………… 23

第二章 贵州增强自我发展能力的紧迫性和艰巨性 ………………… 29

第一节 贵州增强自我发展能力的紧迫性 …………………………… 29
一 贫困落后的历史渊源 …………………………………………… 29
二 经济社会发展滞后的现实 ……………………………………… 30
三 工业化初级阶段的严峻挑战 …………………………………… 33
第二节 “三线建设”与西部大开发为增强自我发展能力
奠定了基础 ………………………………………………… 35
一 “三线建设”开启了贵州工业化进程 ………………………… 35

二 “西部大开发”使贵州进入加速发展期 …… 36
三 贵州增强自我发展能力的基础仍较薄弱 …… 38
第三节 贵州增强自我发展能力的艰巨性 …… 39
一 经济增长的内生动力严重不足 …… 39
二 反贫困任务依旧十分艰巨 …… 40
三 建设全面小康形势依然严峻 …… 42

第三章 贵州自我发展能力的评价 …… 44

第一节 区域自我发展能力量化评价方法的构建 …… 44
一 评价指标的理论依据 …… 44
二 评价体系构建的基本思路与方法 …… 55
三 指标选择原则与指标体系设置 …… 57
四 评价指标体系 …… 61
第二节 贵州自我发展能力的定量评价与分析 …… 64
一 单指标法分级指标测评分析 …… 64
二 主成分分析法整体测评分析 …… 90
第三节 经济意义解读和综合评价 …… 95
一 经济意义解读 …… 95
二 综合评价 …… 97

第四章 贵州自我发展能力诊断与增强路径选择 …… 99

第一节 增强贵州自我发展能力的 SWOT 战略分析 …… 99
一 优势与劣势 …… 99
二 重要机遇 …… 109
三 挑战与危机 …… 111
第二节 贵州自我发展能力诊断 …… 112
一 基本判断 …… 112
二 主要症结 …… 113
第三节 增强贵州自我发展能力的路径选择 …… 114
一 加快打造特色优势产业体系 …… 115
二 着力培育贵州新兴产业体系 …… 115
三 努力实现省内贫困地区的跨越发展 …… 116

第五章　打造贵州特色优势产业体系 ······ 117
第一节　贵州特色优势产业的选取 ······ 117
一　贵州工业化水平判断 ······ 117
二　贵州特色优势产业选取 ······ 118
三　贵州与西部其他地区特色优势产业比较 ······ 121
第二节　构建贵州特色优势产业体系 ······ 122
一　基本途径 ······ 122
二　产业集聚与园区建设 ······ 123
三　打造特色优势产业体系 ······ 124

第六章　培育贵州新兴产业体系 ······ 128
第一节　文化旅游产业 ······ 128
一　贵州文化旅游资源禀赋概述 ······ 129
二　文化旅游产业发展现状 ······ 131
三　制约文化旅游产业发展的因素分析 ······ 133
四　提升贵州文化旅游产业竞争力的途径 ······ 135
第二节　高新技术产业 ······ 137
一　高新技术产业发展现状 ······ 137
二　高新技术产业发展的问题 ······ 138
三　高新技术产业的发展对策 ······ 139
第三节　战略性新兴产业 ······ 140
一　战略性新兴产业的发展现状 ······ 140
二　战略性新兴产业发展存在的问题 ······ 141
三　战略性新兴产业的发展对策 ······ 142

第七章　产业扶贫增强贫困地区自我发展能力 ······ 144
第一节　贵州贫困地区现状及产业化扶贫战略的选择 ······ 144
一　贵州扶贫开发和贫困现状 ······ 144
二　贵州贫困根源及特点 ······ 146
三　产业扶贫增强贫困地区自我发展能力 ······ 148
第二节　产业扶贫与贵州武陵山区自我发展能力培育 ······ 149

一 武陵山片区产业扶贫的基本方略…………………………………… 149
二 武陵山片区特色优势产业构建……………………………………… 149
第三节 产业扶贫与贵州乌蒙山区自我发展能力培育………………… 151
一 乌蒙山区产业扶贫的基本方略……………………………………… 151
二 乌蒙山区特色优势产业构建：以毕节市为例……………………… 152
第四节 产业扶贫与贵州滇黔桂石漠化片区自我发展能力培育……………………………………………………………… 154
一 滇黔桂石漠化连片特困区产业扶贫的基本方略…………………… 154
二 滇黔桂石漠化连片特困区生态治理与生态产业构建…… 154

第八章 结论与建议…………………………………………………………… 158

一 主要结论与观点………………………………………………………… 158
二 区域政策建议…………………………………………………………… 160

附 录……………………………………………………………………………… 164

参考文献…………………………………………………………………………… 177

致 谢……………………………………………………………………………… 186

绪　　论

一　选题背景和研究意义

世纪之交，中央统筹“两个大局”战略构想，在综合国际、国内形势和需要的基础上做出了实施西部大开发战略的重大决定。自西部大开发战略启动以来，在中央的大力支持和发达地区的帮助下，包括贵州在内的广大西部地区干部群众抢抓历史机遇，艰苦奋斗，经济社会发展日新月异。2010 年 7 月，中央召开了西部大开发工作会议，全面总结了过去十年西部大开发的成就和经验，部署了第二个十年西部大开发相关工作，明确了推动西部地区经济社会全面发展的总体目标，出台了《中共中央国务院关于深入实施西部大开发战略的若干意见》。中央要求，第二个十年的西部大开发要以增强自我发展能力为主线，并提出增强西部地区发展内生动力的主要途径是发展特色优势产业，要求西部努力形成传统优势产业、战略性新兴产业和现代服务业协调发展新格局。

自古以来，贵州社会经济发展滞后。2000 年以来受惠于前十年西部大开发的倾斜性“输血式”改善，贵州已有长足进步。但横向相比，贵州人均 GDP 仍处于全国末位，在西部 12 个省区中排名倒数；全省 88 个县区中国家级贫困县超过 50 个，态势十分严峻。近现代以来，贵州历经抗战后方短期繁荣、新中国成立初期工业化发展、三线国防工业布局、改革开放市场化进程、西部大开发输血倾斜等各个典型发展机遇时期，但依然面临发展乏力，绩效低下的窘境，令人深省。如何推动贵州社会经济又好又快发展既是贵州本省也是全国上下十分迫切的命题。

中央提出，下一阶段的西部大开发要以增强自我发展能力为主线，更加注重经济结构调整和自主创新，着力推进特色优势产业发展。这一部署，对于贵州的发展极具重大的现实意义。强调培育西部地区自我发展能力，是西部大开发第二个十年一个重要的政策导向，标志着在经过十年大规模“输血式”开发之后中央希望西部逐步走上“自我造血式”发展之路。

早在2002年，党的十六大报告就已经提出西部地区要增强自我发展能力，在改革开放大背景下走出一条加快发展的新路。全国“十一五”规划纲要和西部大开发“十一五”规划纲要明确提出：西部地区要在国家支持和区域合作的同时，通过自身努力增强自我发展能力。根据西部大开发战略亲历者——时任国家计委主任、原国务院副总理曾培炎同志在其《西部大开发决策回顾》一书中介绍：西部大开发起步时，针对交通不便、水土流失严重、人才不足、科教落后等问题，中央要求把工作重点放在具有基础性、公共性的领域，包括基础设施建设、生态环境保护、科技教育、人才培养和民生问题；在发展环境有所改善后，又适时提出发展特色优势产业，在改革开放中增强自我发展能力（曾培炎，2010）。

从中央相关文件及有关论述中可以做出如下判断：第一，前一个十年，中央重在通过大规模投入改变西部发展环境和生活环境；第二，基础设施和生态环境改善以后，西部发展支撑能力显著增强，中央希望西部地区能够增强自我发展能力；第三，下一阶段的西部大开发工作将对增强自我发展能力高度重视。

但是，对于增强区域自我发展能力这样一个非常重要的问题，迄今为止学术界相关深入研究并不多见，有关贵州增强自我发展能力的系统研究更为鲜见。在此背景下，本书选择贵州增强自我发展能力作为研究的主题。本书试图厘清何谓区域自我发展能力？其应如何定量测度？贵州与西部其他地区的自我发展能力有何差异？贵州增强自我发展能力的路在何方？本书试图通过对这些命题的探究、追问与解构，探寻贵州这一落后内陆山区省份的脱贫振兴之道，从而为贵州实现与全国同步跨入小康社会构建有效途径。

这样的研究将会进一步理清区域自我发展能力的本质内涵，从而可以达到将区域自我发展能力建设全面推向深入的目的；通过全面量化测度比较贵州与西部各省区市的各个变量因子，可以更加清晰地呈现影响贵州内生发展的优势与劣势，从而为贵州发展特色优势产业、增强自我发展能力提供实证依据。在此基础上，通过对贵州自我发展能力的综合诊断与增强战略选择，从而为贵州实现与全国同步跨入小康社会构建有效路径提出有针对性的政策建议。

二　结构与内容

全书分三大部分，采用总分总结构。

第一部分为总论，包括绪论、第一章和第二章。主要对区域自我发展能力及特色优势产业等相关范畴进行界定，并对相关理论与文献进行了梳理与述评。接着，在回顾贵州基本省情并对“三线建设”和西部大开发的绩效进行评估的基础上，分析了贵州深度贫困的成因及其破解的基本方向，指出增强贵州自我发展能力的紧迫性与艰巨性。

第二部分为专论和分论，包括第三、四、五、六、七章共五章。第三、四章主要是运用本书创立的评价方法对贵州自我发展能力进行测评和诊断。根据区域发展要素构建了区域自我发展能力量化评价体系，并运用单指标和主成分两种方法对贵州自我发展能力进行了量化评价。同时，运用SWOT法对增强贵州自我发展能力进行战略分析与路径选择，为第五、六、七章关于增强自我发展能力的分论奠定了基础。本部分选择打造贵州特色优势产业体系、培育新兴产业体系作为增强贵州自我发展能力的基本路径，同时对省内贫困地区如何增强自我发展能力进行了论述。

第三部分是尾论、结论与建议。在全书研究的基础上，本部分针对贵州省情从制度保障和体制机制创新的角度，提出了增强区域自我发展能力的对策建议。包括深化财税金融投资体制改革，完善宏观调控体系；推进资源要素市场化，深化资源配置改革，打破行业垄断，深化国有企业改革，加强社会管理创新，深化行政管理体制改革，大力发展民营经济，以改革促进开放等。

三　技术路线

全书技术路线见下图：

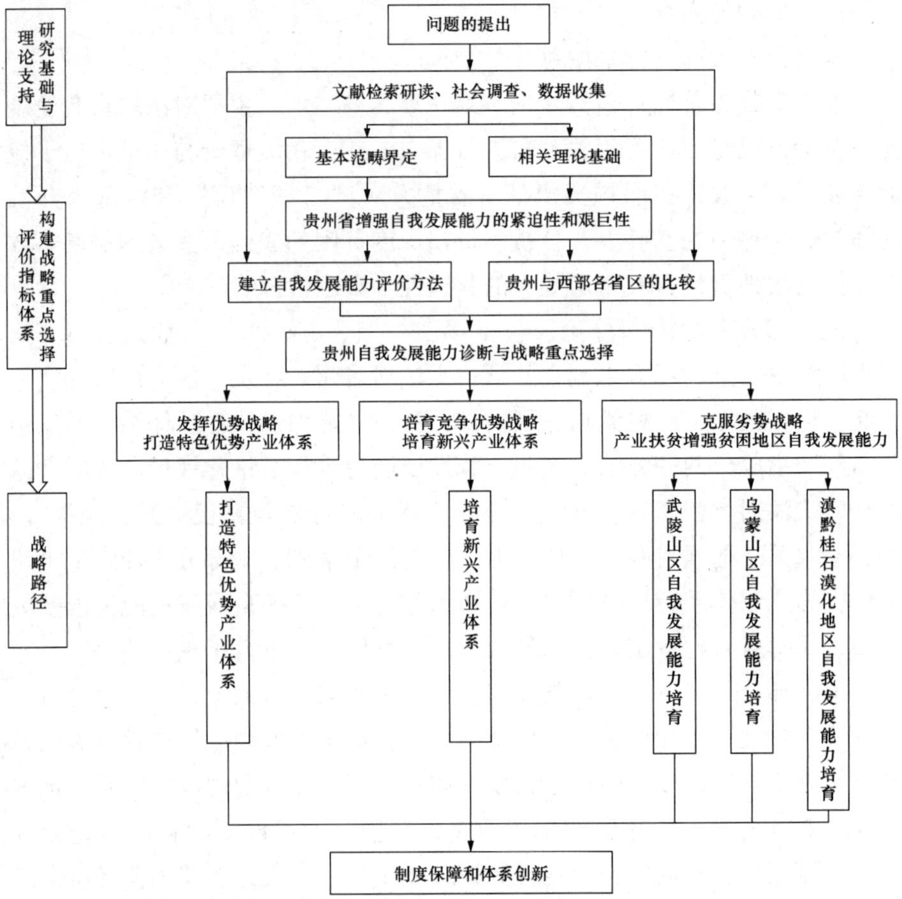

四 创新与不足

（一）本书主要创新观点

1. 本书在借鉴已有研究成果的基础上，探索了区域自我发展能力的科学内涵和增强区域自我发展能力的基本要求。认为区域自我发展能力的本质内涵是指某一特定经济区域在国内、国际开放性竞争中，按照市场机制运行规则，利用本地资源、集聚域外资源，立足培育各具特色的区域优势产业体系，通过制度创新保持本地经济社会可持续发展的能力。增强区域自我发展能力的基本要求是要在接受中央政府倾斜式转移支付和发达地区对口支援的同时，强调立足发挥区域优势以构建特色优势产业体系为主线，不断增强区域适应市场的竞争能力、内生发展能力和可持续发展能力。

2. 本书构建了自我发展能力的量化测度方法。以区域经济发展要素分析为基础，运用经济增长理论、产业集聚理论和波特竞争优势理论，以实证分析范式为指引，构建了包括经济社会实力、发展支撑能力、产业体系竞争力、发展潜力、发展可持续能力和制度保障能力六类三级共31个指标的区域自我发展能力评价指标体系，提出了区域自我发展能力的量化测度方法。在单一指标从不同角度对比分析的基础上，利用多元统计方法构造西部各区域自我发展能力指数，以点面相结合方式对西部12省区市2009年各地自我发展能力相对大小进行全方位的定量测评。这一方法可以直观清晰地判断各个要素因子对区域自我发展能力的影响作用，从而有可能推动该领域的研究更加深入。

3. 本书运用包括单一评价法和综合评价法的量化评价方法对贵州自我发展能力进行了深入具体的诊断。认为：尽管贵州1998—2009年间经济社会发展水平显著提高，但横向比较表明，其发展水平仍然相当滞后，主要经济指标大多处于全国最低水平，即使在西部也非常落后。贵州自我发展能力弱小的主要症结在于始终缺乏强大的主导产业体系、资本规模过小、市场化进程滞后和公共服务水平低下。此外，基础设施薄弱、科技教育不发达、体制改革滞后、资本存量少等因素也不容忽视。即使是贵州特色优势产业也存在产业链条短、带动能力弱的问题。这些诊断证明了贵州增强自我发展能力的长期性和艰巨性。

4. 本书对贵州增强自我发展能力的基本途径和重点进行了科学选择。通过量化评价和综合诊断，本书认为贵州增强自我发展能力的基本途径：一是要充分发挥资源富集的比较优势，实施发挥优势战略，大力培育和发展特色优势产业体系，通过经济结构调整和自主创新，大力增强“造血”机能，同时要积极发展文化旅游、高新技术和战略性新兴产业，推进特色优势产业体系向现代产业体系转变。二是要直面落后和贫困的现实，实施克服劣势战略，通过连片扶贫开发、基本公共服务均等化、推进“三化”同步等重大举措，着力培育贫困地区自我发展能力，努力实现贫困地区跨越式发展，实现脱贫致富，推进贫困地区和全国同步实现小康。

5. 本书提出了增强区域自我发展能力的对策建议。为有效助推特色优势产业体系的完善、尽快增强贵州自我发展能力，本书建议贵州还需在以下几个方面重点推进：第一，进一步完善基础设施。坚持把交通、水利等基础设施建设放在优先位置，按照统筹兼顾、合理布局、适度超前的原则，加快构建现代基础设施体系，提高服务水平，增强对经济社会发展的支撑能力。第二，深化体制改革，提高制度保障能力。坚持解放思想，与时俱进，坚持深化改革，扩大开放，以改革促发展，以开放促开发，不断破解体制机制障碍，努力开创经济社会发展新局面。第三，增强要素保障能力。努力化解金融、土地等要素制约，促进重大项目引进和落地。第四，放水养鱼，积极招商引资。争取国家支持，在贵州这样一个全国经济发展水平最低的省份，为企业提供更多税收优惠和投资便利，加快产业集聚的形成。

（二）本书的不足

本书尽管做了大量的研究和分析，但囿于时间和资源有限等诸多原因，仍存在一些不足和欠缺，留待今后进一步研究与完善。

对区域自我发展能力的评价既需要对各地进行横向对比，也需要各地分别纵向比较以了解西部大开发实施前后、实施十余年以来自我发展能力的实际变化。但因本书评价涉及西部12省区市数十项指标、部分指标口径曾发生变化，另有部分指标只有部分年份数据可资利用，纵向评价工作存在一定难度。笔者下一步将投入更多的精力完善这一方面工作。

第一章　基本范畴界定与文献综述

第一节　区域自我发展能力及相关范畴界定

一　概念缘起背景

（一）概念的提出

自20世纪末我国实施西部大开发战略以来，西部地区经济社会的发展日新月异，各领域取得了长足的进步。但总体而言，西部地区各项事业显著进步的同时与东部地区的绝对差距却仍然拉大。这种现实使得人们意识到：西部地区如何能在中央政府倾斜性“输血式”投入的同时，强化经济发展能力，实现经济社会可持续发展？新一轮西部大开发的战略着力点是是否应该更多地关注西部“造血式”内生驱动发展能力的培育？亦即增强“西部自我发展能力”。

社会各界关注西部自我发展能力由来已久。早在实施西部大开发战略前后，学术探讨、人大、政协提案以及网络媒体已经有所涉及，主要是从西部大开发中西部地区自力更生与中央倾斜扶持相结合的角度切入。2002年起，政府层面正面关注西部的自我发展能力培育问题。2002年国家计委、国务院西部开发办发布的《“十五”西部开发总体规划》中已经提及西部要“逐步建立自我发展的良性运行机制，提高区域的经济活力和产业的市场竞争力”。2004年国务院颁布《关于进一步推进西部大开发的若干意见》，第一次明确提出西部地区的自我发展能力问题，对西部塑造现代产业体系、促进资源优势向经济优势转化和增强自身造血机能已经提出了较为明确的要求。2006年国务院西部地区开发领导小组办公室等六部门发布了《关于促进西部地区特色优势产业发展的意见》，意见对如何加快西部地区特色优势产业发展、优化产业结构和布局、增强西部地区自我发展能力进行了具体安排。2010 年《中共中央国务院关于深入实施西部大开发战略的若干意见》特别指出：西部自我发展能力不强的状况尚未得到根本扭转。意见强调，2011—2020 年西部大开发战略的指导思想要以增强自我发展能力为主线，更加注重西部各地经济结构调整和自主创新，着力推进特色优势产业发展。“发展特色优势产业，增强自我发展能力”已经成为新一轮西部大开发一个重要的政策导向。

（二）国内学者关于自我发展能力的讨论

近年来，区域自我发展能力的内涵引起了众多学者的研究兴趣。大多数学者将区域自我发展能力与企业自生能力理论联系在一起。一般地，所谓企业的自我发展是指厂商利用市场的一切条件，采取一切可以采取的合法措施，从技术、管理等方面发展，增强自身的竞争力和实力。林毅夫[①]（2004）认为在市场竞争中，一个依靠自身努力正常经营的企业如果能够获得社会普遍可接受的利润水平就能够继续生存和发展，这样的企业就是有自生能力的。反之，如果一个靠自身努力进行经营的企业其利润低于正常水平，这个企业就缺乏投资价值，难以获得投资者青睐，所以不具备自生能力，只有靠政府的特殊扶持才能够生存下来。参照企业自生能力概念，如果一个区域推行能够发挥本地比较优势的经济战略和政策，促使本地企业选择与本地资源禀赋相符的产业和技术，则本地大多数企业具备自生能力，拥有大量具备自生能力企业的区域自然也就是一个自生能力较强的区域。反之，政府的政策导向违背比较优势战略，则本地企业因缺乏市场竞争优势而不具备自生能力，这样的区域也就缺乏自生能力。也有部分学者（鱼小强，2002）[②] 从一个国家或地区经济系统内部具备的凝聚、整合和产出能力定义地区自我发展能力，强调经济发展的自身基础或造血功能。

王科博士（2008）根据对能力以及自我发展能力或自生能力等概念的界定与分析，并参考众多学者关于地区自我发展能力概念及其相关概念的理解和阐释，认为区域自我发展能力是一个综合性的概念，是区域自然生产力和社会生产力的总和，是区域自然资本、物质资本、人力资本和社会资本积累状况的整体状况。区域自我能力强调的是本地经济发展的基础

---

① 林毅夫：《自生能力、经济发展与转型》，北京大学出版社 2004 年版。

② 鱼小强：《对增强西部地区自我发展能力的思考》，《商洛师范专科学校学报》2002 年第 3 期。

条件和动力源泉，这种能力并不排斥外部力量对本地经济发展的推动作用。区域自我发展能力主要包括自然生态环境可持续发展能力、区域社会发展能力和区域经济集聚能力。从他对一些县级行政单位自我发展能力的评价看，主要考察了要素集聚程度、发展潜力、发展支撑条件、灾害条件、初始条件等因素的作用。

李泉（2011）通过对发展经济学和“新区域主义”相关理论研究的系统梳理，认为区域自我发展能力取决于系统内部的自组织能力及与外界进行物资、信息、人才及资金交换的深度与广度。西部地区的自我发展能力总体较弱且短期内较难改变，原因在于西部地区普遍缺乏经济发展能力、社会发展能力以及制度创新和技术创新能力，特别重要的是本地财富积累能力、学习与调整能力以及社会资源的动员能力不足。他强调区域自我发展能力提升需要产业支撑，充分利用区域条件培植区域优势产业是西部区域经济发展的必由之路。

成学真和陈小林（2010）通过理论梳理，结合当前的实际背景，认为区域发展自生能力是区域经济系统具有的聚集和优化区域发展所需各类要素的能力。通过对要素的集聚和优化，形成区域集聚优势，也就具备了自主生长和自主造血功能。他们对区域自我发展能力的分析主要关注于要素集聚和优化、外部资源供给和要素流动。他们的观点与波特教授竞争优势的观点基本一致，认为区域发展自生能力不是先天继承或赋有的，而是创造出来的，并非一成不变。

开放环境下，一国国内各区域间的贸易壁垒显著下降，商品和要素流动日趋顺畅。林民书等学者（2010）认为局限于封闭经济框架下进行的分析难以解释我国区域经济差异的变动，也难以指导区域发展战略选择。随着市场化进程进一步深化、对内对外开放程度进一步提高，自我发展能力和早期发展经济学有关主张存在较大不同。在开放条件下，增强西部地区自我发展能力还要更加注重区域政策环境和经营环境的改善，以便充分利用全国、全球资源，促进本地可持续发展能力的提高。西部地区虽然普遍矿产资源相对丰富，但资金、技术、人才等要素稀缺，能够吸引其他地区、其他国家的要素流入就显得更为迫切。

可见，“区域自我发展能力”概念以及增强西部自我发展能力的命题是我国现代化进程中一个渐续演变、不断深入的“问题意识”认知过程。“十一五”期末，学术界普遍认为（江世银，2009）前一时期的西部大开发政策主要是针对短期需求，未来时期应探索增强西部地区发展能力的长效机制。

二 核心概念的界定

作为一个术语，有必要从汉语语境解析“区域自我发展能力”的词义。

区域，是一个广泛使用的空间范畴。作为地域空间，区域既是一个有确切方位和明确边界的实体，又是一个人们在观念上按某些要素集合而成、往往没有严格边界的空间概念。本书中的区域一词多以经济学角度切入，把区域看作是人类经济活动的空间载体。经济区域应具备必要的地域构成要素，是在全国专业化分工体系中承担一定职能、经济上较为完整的地区。

在汉语语境里，“自我”一词就是意指自己或谓自己对自己，强调独立自我主体存在的自觉性，即本我的意识能动性，与英文中 Self 或者 Ego 的词义相当。在心理学中，“自我”亦称自我意识或自我概念，主要是指个体对自己存在状态的认知，是个体对其社会角色进行自我评价的结果。

区域作为一个主体，其“自我发展能力”显然借用了“自我”一词的多重含义。在本书中可以理解为一个特定同质经济区域内的人们在经济实践中对自身发展过程、状态的自觉认知，包括意识的萌芽、形成、完善，同时也包括对自身能力的评价、判断与调控。

综合前述，本书对区域自我发展能力界定如下：所谓区域自我发展能力是指某一特定经济区域在国内、国际开放性竞争中，按照市场机制运行规则，利用本地资源、集聚域外资源，立足培育各具特色的区域优势产业体系，通过制度创新保持本地经济社会可持续发展的能力。

根据我国区域经济发展的特点和阶段，本书界定的区域自我发展能力概念的内涵包括以下几方面：

第一，自我发展能力突出在中央政府倾斜式转移支付和发达地区对口支援的同时，西部地区自力更生适应市场竞争的能力。增强自我发展能力与中央政府和国内发达地区的扶持和支持相辅相成，但更强调从区域依托自身力量促进经济社会发展、改善民生的能力。

第二，西部地区普遍处于较低的发展阶段，当前尚不能摆脱对自然资源的依赖，但将资源优势转化为经济优势必须经由现代产业支撑，特别是工业化的充分发展。即便有良好的资源储备，如果得不到开发利用，也无法促进经济和社会的发展，也无法称其为“优势”；将资源优势转化为经济优势，必须通过开发利用才能创造增加值、提供就业机会、为发展创造机遇。当然，产业发展并不能一味地依赖自然资源的开发，而应尽快摆脱对自然资源的过度依赖。西部大多数地区生态环境既极端重要又极其脆弱，所以工业化发展必须走新型工业化道路，提高科技含量高、改善经济效益、降低资源消耗、减少环境污染、充分发挥人力资源优势的要求。

第三，为保持经济社会的可持续发展，必须在发挥比较优势的基础上及早塑造和形成竞争优势，坚持科学发展观、按照新型工业化道路要求是应有之义。传统的比较优势强调资源禀赋（特别是自然资源和劳动力禀赋），但对资源的过度依赖很有可能导致“资源诅咒”问题。为保持长期可持续发展、跨越式发展，必须适时升级、攀升价值链，并寻找新的产业优势，注重高级要素的比较优势形成和产业竞争优势的塑造。

第四，为增强自我发展能力，一段时期内的倾斜式投入和帮扶仍是必不可少的。西部地区特别是贵州，当前普遍存在基础设施历史欠账多、基本公共服务水平低、产业基础薄弱、科技教育不发达等问题，仍然迫切需要中央政府在一定时期内通过加大转移支付力度、项目扶持等方式进行大力支持，也需要发挥社会主义优势，按照改革开放之初的设想由发达地区对落后地区进行支援。

第五，增强自我发展能力，既需要利用本地要素，又需要按照市场运行方式引进和利用其他地区和其他国家的资源，这就需要本地具备集聚要素的硬件和软件环境。世界各国和国内发达地区的实践表明：在更广阔的市场中参与更大范围的分工和专业化、更充分地利用一切要素和资源方能促进经济的较快发展，这也符合自亚当·斯密《国富论》（1776 年）以来经济学的认识。经过三十多年的改革开放，我国的对内、对外开放程度已经很高，并将继续深入，在此背景之下，后发地区更应充分参与国际、国内的市场分工和市场竞争，充分利用本地优势并尽可能地借助外部力量推动本地发展。

三 相关范畴的界定

本书在研究增强自我发展能力战略选择时，涉及特色优势产业、集中连片地区扶贫开发、产业化扶贫和可持续发展等相关范畴，在此做如下界定：

（一）关于特色优势产业

迄今为止对于“特色优势产业”的具体含义还没有形成统一认识，对于如何选择特色优势产业也没有一致的观点。但经济学相关理论一贯主张依据区域资源优势进行专业化分工和交换、发挥各国（各地）比较优势。本书认为，“特色优势产业”一方面应强调各地发挥本地优势，形成特色；另一方面应重视产业市场竞争力的形成，具备竞争优势。发挥比较优势和塑造竞争优势并重，是“特色优势产业体系”的本质内涵。

《中共中央国务院关于深入实施西部大开发战略的若干意见》明确提出，发展特色优势产业是增强西部地区发展内生动力的主要途径。要深入实施以市场为导向的优势资源转化战略，坚持走新型工业化道路，建设国家重要战略资源接续区，努力形成传统优势产业、战略性新兴产业和现代服务业协调发展新格局。该意见希望西部能够建设成为国家能源基地、资源深加工基地、装备制造业基地和战略性新兴产业基地，积极承接产业转移，推进节能减排和发展循环经济，大力发展现代服务业。

为加快西部地区特色优势产业发展，优化产业结构和布局，增强西部地区自我发展能力，实现西部地区又快又好发展，国务院西部地区开发领导小组办公室等单位于2006年制定了《关于促进西部地区特色优势产业发展的意见》。意见认为，加快西部地区特色优势产业发展，促进资源优势向产业优势和经济优势转化，增强西部地区自我发展能力和经济实力，是继续推进西部大开发、实现西部地区又快又好发展的重要任务，对于推进产业结构调整、转变经济增长方式、优化全国资源配置、促进区域协调发展具有重要意义。这份文件对发展西部地区特色优势产业的指导原则、发展目标、发展重点、政策措施等进行了明确部署。希望通过一段时间的努力，西部地区能源及化工、重要矿产开发及加工、特色农牧业及加工、重大装备制造、高技术产业和旅游产业6类特色优势产业得到较快发展。

可见，对西部地区特色优势产业的选择不仅注重发挥比较优势，也坚持市场导向、着眼于增长方式转变和竞争优势的形成，符合西部当前和今后一段时期的实际情况。同时，中央和相关部门着力支持重点地带、重点城市和重点产业加快发展，目的在于依托基础较好的中心城市和资源富集区，促进产业集中布局、土地集约利用、资源节约使用和环境综合治理，推进产业集群化发展，培育增长极。

（二）关于集中连片地区扶贫开发

经济发展、居民收入水平和生活质量提高是我们的奋斗目标，共同富裕是社会主义的本质要求。经过不懈努力，我国扶贫开发取得了举世瞩目的成就，《国家八七扶贫攻坚计划（1994—2000 年）》、《中国农村扶贫开发纲要（2001—2010 年）》的目标任务如期完成，我国的扶贫开发进入了新的阶段、站在了新的起点上。但制约贫困地区发展的深层次矛盾依然存在，仍有大量绝对贫困人口存在并主要集中在一些集中连片特殊困难地区，由于自然、民族、历史、政治等多种复杂因素的共同影响，一般经济增长已无法带动其发展，常规的扶贫手段也难以奏效。因此，《中国农村扶贫开发纲要（2011—2020 年）》提出，要把集中连片特殊困难地区作为新时期扶贫开发的主战场，创新扶贫开发机制，推进片区扶贫开发，保障连片特困地区到 2020 年与全国其他地区一道步入全面小康社会。目前确定的集中连片特困地区主要包括：武陵山区、乌蒙山区、滇桂黔石漠化区、六盘山区、秦巴山区、滇西边境山区、大兴安岭南麓山区、燕山—太行山区、吕梁山区、大别山区、罗霄山区、西藏、四省藏区、新疆南疆三地州等地区①。中央将加大投入和支持力度，加强对各跨省片区规划的指导和协调，集中力量，分批实施。集中实施一批教育、卫生、文化、就业、社会保障等民生工程，大力改善生产生活条件，培育壮大一批特色优势产业，加快区域性重要基础设施建设步伐，加强生态建设和环境保护，着力解决制约发展的瓶颈问题，促进基本公共服务均等化，从根本上改变连片特困地区面貌。

（三）关于产业化扶贫

严重依赖传统种植业、现代产业发展滞后是贫困地区的典型特征之一，由此直接导致相关区域居民缺乏提高收入的有效途径和来源。早期的扶贫措施主要是解决贫困人口的生存问题，主要是基本生活必需品的救济，属于“输血式”扶贫方式。为促进贫困地区和贫困人口增强自我发展能力和造血能力，新时期扶贫开发非常重视产业化扶贫措施。充分发挥贫困地区生态环境和自然资源优势，推广先进实用技术，培植壮大特色支柱产业；促进产业结构调整，通过扶贫龙头企业、农民专业合作社和互助资金组织，带动和帮助贫困农户发展生产；引导和支持企业到贫困地区投

① 参见《中国农村扶贫开发纲要（2011—2020 年）》。

资兴业，带动贫困农户增收。

（四）关于可持续发展

20 世纪中后期以来，受早期传统工业化模式影响，环境污染、矿产资源短缺和物种消失等问题逐步显现，“增长的极限”问题引起普遍关注。1960 年福伊斯特（Forester）等学者的《世界末日：2026 年 11 月 23 日，星期五》、1972 年罗马俱乐部的《增长的极限》等成果提醒人们意识到传统发展模式的不可持续性，激发了人们对可持续发展问题的探索。综合已有研究，可持续发展主要强调以下几点：既满足当代人的需求又不对后代人构成危害；经济和社会发展不超出生态系统承载能力；尽可能少地产生废料和污染物；当代人福利的增加并不减少后代的福利。

可持续发展理论与增强自我发展能力既有联系又有区别。

可持续发展理论关注于资源永续利用和人与环境的和谐共处，不因当代人追求自身福利而危及后代人的福利。增强自我发展能力主要关注于贵州这样的西部欠发达地区在中央政府大规模财政转移支付逐步减弱乃至取消以后，如何主要利用自身能力促进经济社会的持续较快发展。

可持续发展是增强自我发展能力的必然要求，经济社会发展必须坚持可持续发展的要求，避免对自然资源的过度依赖和对环境的破坏；在此之外，增强自我发展能力更关注于现代产业体系的塑造和产业竞争力的形成，关注于本地居民不等不靠依靠双手和智慧谋生的能力和发展的能力。

增强自我发展能力是可持续发展的前提条件。按照新型工业化道路要求大力发展特色优势产业，增强自我发展能力，更有利于可持续发展方式的形成。

第二节　相关理论梳理与文献述评

贵州这一贫困落后区域的自我发展能力的研究，既是探索欠发达区域的发展问题，又是寻求未来发展突破口及战略选择问题。本书将从经济增长理论和区域经济增长理论中寻找前人对区域经济增长要素的总结，从发展经济学关于经济发展阶段理论中探索贫困地区发展的路径，从发展战略理论中寻找增强自我发展能力的战略选择理论支撑。

一 内生增长与区域发展述评

（一）内生增长理论及新近成果①

经济增长问题是经济学诞生以来一直持续的重要问题，经济增长理论也是经济学对现实世界逐步加深了解的重要领域。古典经济学家、新古典经济学家以及其他大批学者先后投入于经济增长因素和增长机制研究。但由于早期的研究一方面对现实的解释力不够强，另一方面无法将一些重要因素（如技术进步）内生化，所以在1970—1980年经济增长理论曾被冷落和淡化。20世纪80年代以来，由于Romer和Lucas等学者的开创性研究，经济增长理论再一次焕发了生机。新的经济增长理论主要致力于从经济系统本身来解释该经济体的增长问题，即将经济增长因素内生化。这就是内生增长理论（endogenous growth theories）或新经济增长理论。

内生增长理论坚持资本报酬递增假设，这和早期研究存在重大区别。在经济长期增长中技术进步的作用格外引人注目，内生增长理论认为知识和创新等因素的积累能够带来自我维持的经济增长（self - maintained economic growth）。受Romer（1986）、Lucas（1988）等研究的启发，内生增长理论主要围绕三个能够显著影响经济增长的因素进行研究——新知识（Romer, 1990; Grossman and Helpman. , 1991）、创新（Aghion and Howitt, 1992）和基础设施（Barro, 1990）。内生增长理论认为政策在长期增长中扮演着至关重要的角色。在经济收敛方面，内生增长理论认为，由于规模报酬递增，收敛根本不会出现。

20世纪90年代以来，克鲁格曼等人所开创的新经济地理学格外引人关注。新经济地理学认为，经济增长趋向于一个不平衡增长的过程，（Krugman, 1991; Fujita et al. , 1999）。该学派通过建立规范的模型体系强调规模报酬递增、不完全竞争和运输成本等因素的综合作用。该理论的核心是：经济活动趋于在特定空间的集聚（agglomeration），而且经济活动通常选择在本地需求较大的区域集聚，这也导致了一个自我增强的过程（A self - reinforcing process）。集聚（向心力）和分散（离心力）可以解释经济活动的空间分布。所以，新经济地理理论本身主要关注经济活动的区位选择，更关注于集聚和专业化而非经济增长，但是利用这一模型体系

① 本部分参考了潘士远等《内生经济增长理论：一个文献综述》，《经济学》（季刊）2002年第4期。

显然可以研究经济增长。

在一个更广阔的视野中，其他理论更强调一些非经济因素对经济增长的显著影响。制度经济学（Matthews，1986；North，1990；Jutting，2003）、社会—文化因素（Granovetter，1985；Knack and Keefer，1997）、政治学（Lipset，1959；Brunetti，1997）、地理因素（Gallup et al.，1999）、人口因素（Brander and Dowrick，1994；Kalemli－Ozcan，2002）等领域的研究成果也值得关注。

虽然有关经济增长的研究成果众多，相互之间还存在一些区别，但对于投资、人力资本、创新和研发活动、经济政策和宏观环境、开放和贸易、FDI以及重要制度（如产权制度、管制政策、宏观稳定政策、社会保障体制、社会冲突管理制度等）等因素的重要性在经济增长理论中得到普遍认可。

（二）区域增长述评①

通常意义上的经济增长理论②主要关注国家层面的经济增长，区域层面的经济增长与国家层面的经济增长略有不同：国家间商品和要素流动，特别是劳动、资本等要素流动受到较多限制，虽然我国目前仍然存在一定的区域市场分割③，但总体上区域层面商品流动和要素流动较为顺畅，这不仅是因为区域间不存在公开的关税和出入境约束，而且还因为一国境内的法律、文化、观念等具有较高的相似性。区域增长理论在很大程度上来源于通常意义上的经济增长理论，但也略有不同。

与一般的经济增长理论相同，早期的区域增长理论依据新古典增长理论，认为各地经济增长最终将趋于无条件的收敛（convergence），这是因为资本和劳动的边际报酬递减的同时各要素又自由流动，各地发展差距一定会减小和消失。

全球范围内自古以来的一个普遍现象就是经济发展的不平衡问题，我

① 本部分参考了Handbook of Regional and Urban Economics，Volume 4，edited by Vernon Henderson and Jacques－Fran? ois Thisse，2004；Handbook of Regional Growth and Development Theories，edited by Roberta Capello and Peter Nijkamp 2009。

② 本书并不严格区分“经济增长”与“经济发展”。

③ 潘文卿等：《中国区域市场的分割与融合》，《兰州大学学报》2011年第4期；赵奇伟等：《中国三大市场分割程度的比较分析：时间走势与区域差异》，《世界经济》2009年第6期；Ponect S：《中国市场正在走向“非一体化”？——中国国内和国际市场一体化程度的比较分析》，《世界经济文汇》2002年第1期。

国从古至今也是如此（程启智等，2009）。我国宋代以前北方经济较为发达，但自东汉末年以后由于北方连年战乱而南方较为稳定，经济重心逐步南移。近代以来，资本主义萌芽最早在东南沿海和长江中下游地区出现，所以这些地方的商品经济发展更快，经济也较为发达，这一东西差距一直持续到20世纪50年代新中国成立之初。此后，出于对国际局势的考虑，中央政府向北方地区实施投资倾斜，发展重心转向北方。改革开放以来，国家首先赋予东部地区优惠政策，资金、人才、技术也加速向东部流动，东部地区发展明显领先于中西部地区。我国目前的经济发展差异不仅表现在东、中、西三大地带的发展差距上，而且还表现在同各自内部不同地区的发展差距上。以2010年为例：当年全国人均GDP为29992元，东、中、西分别为46354元、24242元和22476元，三者之比为2.06∶1.08∶1；省域间人均水平最高的上海达到76074元，最低的贵州仅为13119元，二者之比为5.80∶1。

正如新内生增长理论拯救了新古典增长理论，克鲁格曼等人开创的新经济地理学（NEG）在区域经济分析中对规模经济的引入使得区域增长理论突破了新古典架构（Krugman，1991）。克鲁格曼将Dixit－Stiglitz模型（Dixit and Stiglitz，1977）引入区域经济分析不仅为集聚[①]（agglomeration）分析提供了重要的理论贡献，也直接用主流经济学对区域经济学进行了改造。虽然NEG很少涉及政策制定和政府干预，与其相伴而生的新内生增长理论通过人力资本这一具有较强公共产品特性的要素能够弥补NEG的不足。所以，一些学者（如Capella and Nijkamp，2009）强调，内生增长是区域发展的灵魂与核心，也是近年来区域发展理论与政策重点的重要部分。

除了NEG和新内生增长理论以外，对区域经济分析至少还有两大主要进展：波特关于产业簇集（clusters）的研究（Porter，2000、2003）；地理信息科学（GIScience）（Goodchild and Haining，2004）的应用。

经济发展水平和人口在国家间、区域间、同一城市的不同地区间分布不均，这是一种普遍存在的现象。面对这一现象，人们通常会考虑自然资源分布不均，这通常被称为“初始禀赋”（first nature），指的是各个区域外生给定的诸如气候类型、矿产资源禀赋、基本交通条件等特点。初始禀

① 国内学界对agglomeration的翻译基本为“集聚”或“聚集”，本书不加严格区分。

赋对于解释产业革命期间重工业的区位选择确实非常重要，因为靠近原材料产地是重要因素。但是，初始禀赋通常无法为很多较少依赖自然优势经济活动的集中提供合理的解释（例如东京都市区和硅谷）。

区域经济学的目的在于准确理解初始禀赋之外影响“第二禀赋”（second nature）的经济力量。这里的第二禀赋指的是在初始禀赋基础上人类经济活动的结果。从方法论的角度，区域经济学分析的出发点是空间同质化（homogeneous）、生产活动在所有区域均匀分布；在此基础上研究是何种力量导致经济活动持续的差异化、发展的不平衡。

现代区域经济学认为，影响区域经济增长的因素主要包括：以自然资源和社会经济资源为主要内容的要素投入；区位条件；区域投资环境；区域外部环境。自然资源为相关产业发展提供了基础条件，在大多数国家和地区经济发展起步阶段扮演了重要角色。社会经济资源主要包括物质资本、人力资本和技术条件。区位是指区域、产业、企业等经济体在地理空间中的位置，不同区位在全国经济发展格局中所处位置不同，外部发展环境也不同。投资的软件环境和硬件环境是影响经济增长的重要因素。开放环境下，区际经济关系和国际经济背景对区域经济发展影响显著（魏后凯等，2011）。

区域发展理论诞生之初的重要工作就是识别增长的内生因素（endogenous determinants），发展根据定义实际上就是内生发展。内生发展主要依赖本地社会经济和文化体系的相互作用，这其中，企业家才能、本地生产要素（劳动和资本）、本地经济主体间的相互联系等产生了知识获取和累积的机制。

集聚问题是区域经济发展中的重要问题，理论研究和发展现实表明，区域经济增长和经济活动的空间集聚是相互联系的现象，二者相互影响、相伴相生（陈德文等，2010）。理论研究表明：由于区域内溢出效应，经济发达地区的空间集聚和经济增长率伴随着厂商的集中而增加，集聚有进一步促进当地经济增长；企业研发活动通过关联效应促进经济集聚，经济集聚又通过降低交易成本和共享创新成果而促进经济快速增长，集聚和增长是自我增强的循环累积过程。

逻辑上，一个地区产业集聚的持续增强必然促进本地经济发展速度快于其他地区，少数地区的集聚增强会使地区间发展差距逐步拉大。经济集聚的必然结果是所谓的极化效应。集聚的根源在于区域内非移动性要素所具备的优势，非移动性要素可以概括为以下四大类：区域性制度，即广义的制度因素；地理位置即区位因素；社会和自然环境因素；基础设施。

（三）经济收敛理论

区域间发展水平是否会趋于收敛?① 这一问题长期以来一直吸引经济学家和政策制定者的注意。一方面，国家间、一国内部不同区域间经济发展水平差异已经使各地福利水平悬殊巨大；另一方面，到目前为止，理论和经验研究对于是否会收敛、在何种情况下可以收敛这样的问题尚未达成共识。

新古典经济增长理论认为，由于资本的边际收益递减，资本相对缺乏的区域由于存在较高的资本收益，在一时期内会吸引外部资本涌入，因而获得比经济发达区域较高的经济增长速度。因此，经济发展水平差异的区域间存在经济增长趋同的可能。

新内生增长理论和新经济地理学认为，由于规模报酬是递增而不是递减，区域经济发展水平并不必然趋于缩小，甚至会出现贫者越贫富者越富的区域经济发散（divergence）现象。自 20 世纪 80 年代以来，区域经济收敛问题一直是宏观经济学和区域经济学②的一个热门问题。

根据收敛的绝对与否，通常将收敛分为 β 收敛和 σ 收敛两类。

β 收敛也就是绝对收敛，指的是增长速度与初始人均收入水平呈负相关。亦即相对落后的地区增长速度相对较高；反之则相反。β 收敛又可细分为绝对 β 收敛和条件 β 收敛两种。绝对 β 收敛是所有区域最终将趋向于相同的人均收入水平、产业结构、技术水平等这种无条件的、能够易于观测的收敛状况。条件 β 收敛是指结构变量差异较各个区域存在不同的收敛均衡。在条件 β 收敛中有一种重要的收敛形式是俱乐部收敛，它指的是在制度、技术、文化、习俗等特征相似的国家或地区之间类似于不同的俱乐部，不同的俱乐部具有不同的收敛均衡，各个俱乐部内部趋向于相同的均衡水平。

σ 收敛概括来讲就是指各地发展水平的相对差异逐步减小，但并不排除绝对差距进一步拉大。例如：贵州人均 GDP 和全国平均水平相比从相当于全国的 30% 上升到 50%，但同期贵州人均 GDP 和全国的绝对差距又

① Convergence，又翻译为“趋同”。

② 国内有学者将区域经济学和新经济地理学加以区分，本书认为现阶段新经济地理学是区域经济学的一大进展。

可能从5000元上升到7000元。

总体来看，目前一系列重要研究成果总体围绕以下问题展开：知识、企业家才能、区位条件和社会文化条件的空间异质性、制度和物质壁垒等。近年来的一个研究热点是俱乐部收敛。可以期待，这一领域依然会取得新的、重要的研究成果。

（四）述评：内生增长与自我发展能力的有机联系

新经济地理学与内生增长理论存在较多联系：接受规模报酬递增和不完全竞争假设；致力于经济增长因素的内生化。二者在开放的体系中都关注经济系统本身对本国或本地长期经济增长影响，这对本书的研究提供了有益的启发。

本书之所以对贵州自我发展能力问题进行专门研究，主要基于以下考虑：西部大开发战略实施以来，国家对贵州的大规模倾斜式扶持已经持续十余年，未来一段时期国家仍将大力支持和促进贵州加快发展，确保贵州在2020年与全国同步跨入全面小康社会。但是，这种大规模的“输血式”不可能长期持续下去，贵州必须及早自力更生，到2050年基本实现现代化，实现“三步走”战略目标。

在中央政府的大规模扶持期间，贵州应努力增强区域经济增长各要素，改善促进经济增长的体制机制，形成和增强经济发展的内生动力，着眼于2020年以后主要依靠自身能力促进本地经济发展和居民生活水平改善。

二 经济发展阶段理论述评

（一）“贫困恶性循环”的理论

发展经济学认为资本匮乏是阻碍不发达地区经济增长和发展的关键因素，因为资本供给和资本需求两方面存在着恶性循环。其中，纳克斯（Ragnar Nurkse）的“贫困的恶性循环”理论对此有一定的解释力，该理论重视资本形成在经济发展和欠发达地区摆脱贫困过程中的作用，认为落后国家难以快速发展的主要问题是资本严重匮乏。收入水平低导致投资和购买能力不足，由此导致资本形成不足，进一步又使得收入水平难以提高……“低收入—低储蓄能力—低资本形成—低生产率—低产出—低收入”这样的怪圈就是贫困的恶性循环。“一国穷的原因就是因为它穷”（A country is poor because it is poor）。摆脱贫穷的关键在于通过大规模、全面的投资促使多个产业部门能够迅速提高劳动生产率、扩大规模，劳动者收入水平显著提高，储蓄率和资本形成速度显著上升，资本总量进一步迅速扩大，由此促进生产率水平提高和收入水平提高。除了固定资本之外，教育、R&D 活动等也存在类似现象，破解之道也基本类似。

（二）罗斯托的经济起飞理论

罗斯托（W. W. Rostow）在综合德国历史学派、熊彼特创新学说和凯恩斯理论等成果的基础上，总结世界各主要国家发展基本规律，把人类社会划分为六个阶段：传统社会阶段、为起飞做准备阶段、起飞阶段、持续增长阶段、高额大众消费阶段和追求生活质量阶段。在六个阶段中，起飞阶段是关键和核心，欠发达国家和地区只有通过成功的经济起飞才能获得真正的发展，此即经济起飞理论。

罗斯托详细分析了经济起飞的“临界水平”和实现起飞必须具备的三个条件，这是罗斯托经济起飞理论的核心。起飞的“临界水平”主要是摆脱纳克斯（Ragnar Nurkse）所说的“贫困的恶性循环”和摆脱纳尔逊（R. R. Nelson）所说的“低水平均衡陷阱”。发展中国家只有以“最小临界努力”超越了纳克斯的“贫困的恶性循环”和纳尔逊的“低水平均衡陷阱”这个“临界水平”，才有可能像飞机起飞前加大推力摆脱地球引力、冲破空气阻力而腾空起飞，突破长期的经济停滞和徘徊状态，实现经济的起飞，进入持续增长阶段。

实现经济起飞，必须具备三个主要条件：第一，要有较高的资本积累率；第二，要建立能带动经济增长的主导部门；第三，要进行社会、政治和经济制度的变革。本书对贵州省欲实现经济起飞，培育自我发展能力的研究与经济起飞理论基本一致。

罗斯托认为“增长必须以利润不断重新投资为条件”，经济起飞必须以通过企业盈利获得资金积累为基础，这是经济长期持续增长必要的物质基础；而且资本积累数量必须充分大（在国民收入中的比重占到 10% 以上）。一个经济体经济的持续快速增长总是由某一个（或某一些）得到社会支持、技术含量较高和其他部门关联程度较高的部门开始，并逐步传导和波及其他部门，由此带动整个经济共同发展。所以，罗斯托重视“主导部门综合体系”，即由相互联系、相互推动和相互影响的若干产业部门构成的产业体系。在制度变迁方面，罗斯托强调对私有产权的保护、基础设施的显著改善、产业结构的优化升级、分工的深化和城镇化推进等。罗斯托指出：经济增长的关键在于主导产业的形成和发展壮大[①]。无论是自我发展能力的增强还是区域经济社会的跨越式发展，塑造强有力的主导产业都是关键所在。

（三）工业化发展相关理论

区域自我发展能力最重要的是通过充满竞争力的区域产业体系来体现。

联合国工业发展组织（UNIDO，2009）[②] 在总结世界各主要经济体发展经验的基础上提醒我们：工业化在经济发展中起着基础性作用。毫无疑问，持续的快速工业增长通常会显著地减少贫困；反过来，在工业化陷于停滞的情况下，减少贫困则异常艰难。

近来，学者认为（何传启等，2011）工业化对区域发展至少有以下主要作用：第一，工业化为财富积累、筹措财政资金提供重要来源，单纯依靠第一产业解决发展资金问题难以想象。无论是基础设施建设还是改善民生，没有充足的财力难以支撑。第二，以工业化促进资源优势向经济优势转化。没有工业的充分发展，自然资源难以开发，也就形不成优势，只能“守着金饭碗没饭吃”。第三，工业化的充分发展能够为区域发展锻炼一支优秀的企业家队伍和庞大的、受过良好技术训练和组织纪律训练的劳动大军。这两者都是现代化建设所不能或缺的。第四，大工业为技术进步提供了巨大的需求，也提供了孕育技术进步的现实平台。第五，主导产业、支柱产业和其他产业间有很强的技术联系，这些核心产业的发展能够带动其他产业一同繁荣。

强调工业并非认为服务业无足轻重。贵州和西部其他地区具有良好的自然旅游资源和文化旅游资源，发展以旅游为龙头的服务业基础较好；服务业对于解决就业、增加居民收入作用显著。一些省份希望借鉴发达国家经验实施“跨越式发展”，主要以服务业的发展推进现代化建设。这实际上是有悖于常识的——发达国家的服务主要是生产性服务业（producer service），没有工业的充分发展，生产性服务业是无本之木。另外，虽然短期内看到一些地区服务业发展速度很快，但这是在较低基数上的发展，

---

① ［美］罗斯托：《经济增长的阶段》，郭熙保、王松茂译，中国社会科学出版社 2001 年版。

② UNIDO，Industrial Development Report 2009：Breaking In and Moving Up：New Industrial Challenges for the Bottom Billion and the Middle – Income Countries.

基础设施和从业者素质瓶颈已经非常明显，这正是工业化发展不充分的必然结果。

世界各国、国内发达地区的发展实践也充分表明，经济社会的发展都有赖于工业化支撑，这一阶段可以加快但绝不能逾越。因此，对各地特色优势产业，特别是特色优势工业，应给予高度重视。

可见，欠发达地区落后的主要原因在于资本的短缺，工业化是欠发达地区经济起飞的必由之路，要实现工业化起飞阶段的历史性跨越，也须遵循罗斯托经济增长阶段理论，进行“起飞”阶段的资本积累，培育主导产业部门，创新体制机制。

三　发展战略理论研究述评

企业自生能力理论主要来源于比较优势理论，林毅夫教授也一直强调国家和区域的发展战略应按照比较优势原则进行选择。他们的理论出发点是：一个经济体的企业、产业、技术特征等因素由该经济体的要素禀赋结构内生来决定；违背比较优势、置本地要素禀赋结构于不顾的发展战略将导致作为发展目标具体体现者的企业在开放竞争中缺乏自生能力，难以生存和发展，并带来预算软约束等后果。

按照比较优势原则，国际贸易最可能发生在要素禀赋结构相差悬殊的发达国家和发展中国家之间；自然资源丰富、廉价劳动力大量存在的经济体如果进行资源开发、发展劳动力密集型产业应能促进本地经济的较快发展。但是，第二次世界大战以后国际贸易发展的一个显著趋势是工业化国家之间产业内贸易规模迅速扩张；一些发展中国家按照比较优势指导发展资源初加工、低技术水平的加工制造产业，却在国际贸易中出现了贸易条件恶化和发展差距进一步扩大的趋势。这就是“比较优势陷阱”① 问题。所谓“比较优势陷阱”（也称“比较利益陷阱”）是指在国际贸易中，以劳动密集型产品和自然资源初加工型产品为主要出口产品的国家，其贸易条件趋于恶化，当其与那些以技术密集型产品为主要出口产品的国家进行贸易时总是处于不利地位，二者之间的发展差距持续拉大，穷者越穷、富者越富的现象一直持续。

与“比较优势陷阱”相近似的一种现象是“资源的诅咒”（Resource

① 张小蒂等：《略论“比较优势陷阱”》，《商业研究》2001 年第 12 期；张晓辉：《比较优势陷阱与中国外贸发展战略选择》，《改革与战略》2004 年第 9 期。

Curse）问题。20世纪60年代以来，经济学家总结发现：长期来看，一些自然资源禀赋条件较好的国家其发展表现往往不如那些自然资源较为匮乏的国家，丰富的自然资源反倒成为经济增长的制约。突出的例子就是瑞士、日本等自然资源匮乏国家和非洲大多数自然资源丰富国家之间在20世纪的发展表现，一些盛产石油的国家（如委内瑞拉、印度尼西亚等）和东亚新兴经济体（中国台湾、中国香港、新加坡和韩国等普遍自然资源匮乏）的对比也非常强烈。

如何避免走入“比较利益陷阱”、摆脱“资源的诅咒”，需要我们借鉴竞争优势理论，从资源优势、比较优势走向竞争优势。

李嘉图在其代表作《政治经济学及赋税原理》（1817年）中提出了“比较优势”贸易理论，该理论认为，国际贸易的前提是国家间生产技术的相对差别以及由此产生的产品相对成本的不同。各国都应主要生产和出口能够发挥其比较优势的产品，进口各自处于比较劣势的产品。这一理论较为成功地解释了国家间贸易产生的基础和各国从国际贸易中获取的收益，改变了绝对优势贸易理论的有关认识。

按照是否遵循比较优势，可以将国家或地区的发展战略分为遵循比较优势的发展战略和违背比较优势的发展战略。林毅夫等学者认为：劳动力和自然资源较为丰裕的经济体如果遵循比较优势大力发展劳动密集型产业和资源密集型产业，由于获利能力较强因而其资本积累的速度将远高于劳动力增长的速度，进而其要素禀赋结构能够得到较快的优化；资本逐步将由相对稀缺变得较为丰富；随着要素禀赋结构的逐步优化和比较优势的动态演变，该经济体的产业结构和技术结构也将自然而然地优化升级。受惠于该战略带来的更高的资本积累率和较快的技术进步速度，落后经济体能够实现赶超。

比较优势战略的逻辑非常清晰，也非常具有说服力。但是，用这一理论指导发展中国家或欠发达地区却有可能出现较为严重的问题。

第一，比较优势战略暗含的一个假设是较为完善的市场机制，价格能够反映要素的稀缺程度，而这在欠发达经济体中通常并不能成立。

第二，比较优势理论过于关注静态和在一定程度上忽略了动态变化，实际当中各国的供给条件、生产条件经常发生变化。

第三，比较优势理论假设要素、资源难以跨境流动。实际当中由于跨国企业的大量涌现使得要素和资源的跨国流动非常普遍；一国境内各区域间的流动更为容易。

第四，在消费者对产品差异化偏好的作用下，加之规模经济和分工细化的影响，产业内贸易成为贸易的主要形式，以自然资源禀赋作为比较优势参与国际贸易无法减小和发达国家间的发展差距。

第五，忽略了竞争优势，或者对于从比较优势过渡到竞争优势过于乐观。比较优势更多强调的是由资源禀赋结构决定的静态优势，它只能为获取竞争优势创造一种可能；竞争优势将潜在优势转化为世纪经济优势的综合能力。劳动密集型产品和自然资源密集型产品总体需求弹性小、附加值低，以此作为主要出口商品的经济体限于"贫困化增长"也就不足为奇了。

实际当中从比较优势到竞争优势的过渡并非易事，战略性贸易政策的运用非常重要。

战略性贸易政策是20世纪80年代由克鲁格曼等人提出的一种新的贸易政策理论。在不完全竞争和规模报酬递增的实际背景下，政府部门通过资助研发、实施出口激励和保护国内市场这样的政策组合，对本地战略性产业实施扶持，能够显著增强此类产业的国际竞争能力和在国际市场当中的盈利能力。该政策主张政府通过对关键产业的战略性扶持以提高整个国民经济的竞争能力。当然，这一政策的实收后果也是很明显的：可能导致政府不恰当的过渡干预、贸易摩擦增加等。

欠发达地区通常希望通过利用各自比较优势，追赶发达地区，也就是发挥后发优势问题。目的在于借助后发优势，实现比较优势，进而向竞争优势转化。

格申克龙（Gerschenkron）① 是后发优势理论的重要代表人物，20世纪50年代，他针对当时一些发展经济学家所提出的工业化所必需的先决条件提出了不同意见。格申克龙认为即使欠发达经济体不具备发展经济学所坚持的工业化的先决条件也可以实现工业化，并有可能更快地进行工业化，原因是欠发达经济体能从发达经济体获取后发收益。在他看来，落后经济体能够通过模仿先进经济体而较快地实现制度创新、技术引进、发展大型项目。经济越落后，模仿空间越大、发展速度也就可能越快。当然，

① Alexander Gerschenkron, *Economic Backwardness in Historical Perspective*, Harvard University Press, 1962.

后发优势和跨越式发展经济是一种潜在的可能，很多国家和地区难以发挥后发优势的根源在于基础性技术条件、社会状况、国家环境等因素制约了它们的现实选择。拉美部分国家、日本、韩国等新型工业化国家成功发挥了后发优势，实现了较快的追赶，这为后发优势的适用性提供了有力支持。

后发优势目前仍处于不断发展和不断完善过程中，该理论更多地强调模仿和学习过程，通过模仿和学习实现技术升级和制度变迁。

在后发优势理论基础上，克鲁格曼等人又提出了“跨越式发展理论”（即“蛙跳理论”）。该理论认为，发达国家因原油有技术的沉淀成本和技术转换成本而可能推迟采用新技术，但后发国家在一穷二白的基础上更愿意采用最先进的技术，所以可以追赶甚至超过发达国家，此即“蛙跳效应”。“蛙跳效应”强调后发国家有可能在部分领域直接采用最新技术，以先进技术为起点，在一定范围内能够实施赶超。

从比较优势到竞争优势的过渡，后发优势发挥作用是必不可少的。只有充分发挥后发优势，才能尽快缩小与发达经济体之间的差距，并进一步在制度、技术等方面塑造竞争优势，实现赶超。

20 世纪 80 年代以来，哈佛大学波特教授（Michael Porter）在其三部著作《竞争战略》（1980）、《竞争优势》（1985）和《国家竞争优势》（1990）提出了竞争优势理论。波特关心的中心问题是：为什么某个特定产业在某个特定国家能获得竞争优势并将这种竞争优势一直维持下去。波特的国家竞争优势是指竞争主体在市场竞争中所塑造的一种持久的优势地位。波特认为国家的繁荣并不是先天就有的而是要通过努力创造出来的，产业竞争力来源于其持续的创新能力和不断升级的能力。波特认为决定产业竞争优势的因素主要有 6 个（4 +2）：生产要素，需求状况，支持性产业及相关产业状况，企业战略、结构和竞争者；在上述四种核心因素之外，还存在着两种辅助因素——政府和机遇。这六个因素决定着产业和企业的竞争优势，形成了一个“钻石模型”（或“钻石体系”），模型中的每一组因素既能够单独发生作用也同时对其他因素产生影响。

波特的竞争优势理论①对于判断产业竞争优势和长远发展潜力提供了一个非常实用的分析工具，也为我们分析区域自我发展能力提供了重要的

---

① ［美］迈克尔·波特：《竞争论》，刘宁等译，中信出版社 2003 年版。

理论支撑。通过综合分析决定产业竞争优势的各个要素、各要素间的组合和相互作用状况，可以发现一国或地区哪些产业具有竞争优势，这种竞争优势能否可否，国家或区域的竞争优势状况如何等。

增强区域自我发展能力实际上就是促进区域竞争力的形成。而区域竞争力研究主要是受国际竞争力研究启发。目前的国际竞争力理论是20世纪40年代以后在当时的国际经济历史背景下对多种经济学、管理学理论进行综合应用所产生的。受古典经济学理论中绝对成本说和比较成本说的启发，各主要经济流派对各国在国际经济竞争中竞争力来源进行了认真分析。20世纪80年代以后，当代国际竞争力理论逐步成形。目前代表性竞争力理论主要有竞争优势理论、核心竞争力理论、IMD国际竞争力理论等，其中IMD国际竞争力理论较具代表性。

瑞士洛桑国际管理发展学院（IMD）认为，国际竞争力是指一国提供能够创造增加值和积累国民财富的能力。一国的国际竞争力既是一国传统、历史和价值体系变迁的结果，也是政治、经济和社会发展的综合产物。在塑造国际竞争力环境中，存在着四种力量，即吸引力与扩张力、本土化与全球化、资产与过程、个人冒险精神与社会凝聚力。一国只有主动把握与平衡这四种力量，才能推动国际竞争力的发展。国际竞争力指数（The Global Competitiveness Index，GCI）目前所用方法是由萨拉·伊·马丁教授（Xavier Sala – I – Martin）等人设计①。GCI将影响某一国家（或地区）国际竞争力的因素分为12个支柱性因素（12 Pillars）：制度（Institutions）、基础设施（Infrastructure）、宏观经济环境（Macro-economic environment）、医疗保健和基础教育（Health and primary education）、高等教育和培训（Higher education and training）、商品市场效率（Goods market efficiency）、劳动市场效率（Labor market efficiency）、金融市场发育（Financial market development）、技术储备（Technological readiness）、市场规模（Market size）、商业成熟度（Business sophistication）、创新（Innovation）。这12个因素相互作用，共同影响某一国家的国际竞争力。

国内目前关于企业竞争力和区域竞争力研究主要是吸收和借鉴国外相

① Klaus Schwab，"The Global Competitiveness Report：2010 – 2011"，World Economic Forum.

关领域的理论成果，结合国内实际需要进行评价分析①。在区域竞争力研究和应用中虽然存在诸多分歧，但总体上倾向于认为区域经济竞争力是特定区域在市场经济条件下国内经济竞争中塑造并展现出来的综合发展能力。在区域竞争力评价方法上，主要采用主成分分析、层次分析、模糊综合评判等方法。

① 金碚：《论企业竞争力的性质》，《中国工业经济》2001 年第 10 期；芦岩等：《国内区域竞争力研究综述：历程、问题与进展》，《河南社会科学》2006 年第 4 期；高志刚：《基于组合评价的中国区域竞争力实证分析》，《综合竞争力》2010 年第 3 期；张继良等：《区域产业竞争力评价体系研究：基于江苏产业转型升级背景》，《产业经济研究》2010 年第 6 期；等等。

第二章　贵州增强自我发展能力的紧迫性和艰巨性

自明朝建省六百多年以来，贵州社会经济发展一直滞后。明朝的刘基（刘伯温，1311—1375 年）曾经预言：“江南千条水，云贵万重山。五百年后看，云贵胜江南。”如今五百年早已过去，贵州依然积弱不强，增强自我发展能力仍有很长的路要走。

第一节　贵州增强自我发展能力的紧迫性

一　贫困落后的历史渊源

贵州的建制最早可以追溯到春秋时期的牂牁国以及战国后期的夜郎国，但直至明代，贵州才正式成为省一级的行政单位。明永乐以前，贵州总体较为闭塞，经济社会发展始终落后于中原和周边各省，直至唐代仍被视为不毛之地。宋朝以后随着大量外地汉人的到来，农业有了较快发展，但因本地落后的封建领主经济，社会发展长期缓慢甚至停滞。1413 年，因地方势力相互仇杀，明成祖朱元璋派兵平乱，设立贵州行省[①]。建省以后，中央政府对贵州的开发力度加大、开发进程加快，特别是屯田、移民、交通设施改善所带来的影响极其深远。1870 年以后，随着西方列强对我国影响的逐步增强，贵州封闭的自然经济也逐步瓦解。以青溪铁厂（1886 年筹办）为代表，贵州陆续出现了一些现代企业，虽然总体规模较小、存续时间较短，但却代表了现代工业的出现。到 1920 年初，贵州逐步形成了卷烟、火柴、陶瓷、纺织等行业，交通、邮电、商贸也逐步发展

① 本部分参考了范同寿：《浅论贵州经济发展的历史分期与制约因素》，《贵州师范大学学报》（社会科学版）1992 年第 4 期；廖光珍：《抗战时期内迁工厂对贵州经济的影响》，《贵州师范大学学报》（社会科学版）1998 年第 4 期。

起来。抗日战争时期，随着东南沿海和长江中下游地区的沦陷，部分工商企业和学校向贵州迁移，贵州又一次迎来发展的机遇，抗战时期企业内迁有力地推动了贵州经济和社会发展，但因官僚资本对经济命脉的垄断和政府当局的不当作为，内迁企业和高校在贵州的发展并不理想，随着抗战胜利的到来，工商企业和高校纷纷“复原”，贵州又基本回到内迁前的状态。解放以前的贵州，除了交通条件恶劣外，民族关系问题也始终是影响经济社会发展的重要因素之一。总体上，贵州始终是一个穷省，财政一向收不抵支，需要中央政府补助。

贵州建省在很大程度上与本地的地理位置有关。朱元璋“开一线以通云南”，由周边各省各划一块区域加以建立贵州，贵州的战略大通道地位得以显现，但由于特殊的地质、地理条件，全省92%以上是山地和丘陵，自古以来交通运输非常困难。秦朝时开五尺道，元朝修建了驿道，明朝时期建省后形成了五条通往外省的驿道，但1000多年间贵州交通状况并没有根本改观。直到新中国成立以后，因战备需要成为“三线建设”的重点省份之一，通过建设川黔铁路、贵昆铁路和湘黔铁路，再加上新中国成立初期修建的黔桂铁路，构成了“十字形”铁路主骨架，贵阳也一度成为西南地区的铁路枢纽。此后较长时期内贵州交通基础设施未能及时改造升级，通道功能弱化，出现了被周边各地“边缘化”的趋势。通过西部大开发以来十余年大规模建设，贵州的区位优势再次凸显。随着“十二五”期间铁路和高速公路等交通基础设施的进一步完善，贵州在推动东盟连接泛珠三角区域陆路国际快速大通道、西南地区最便捷出海快速通道和中国西北西南至华南的重要物流通道的形成中具有十分重要的战略区位作用，正逐步成为国家级西南内陆交通枢纽。但是，交通基础设施建设与贵州省经济社会发展的需求相比，仍有很大的差距，“瓶颈”制约困境尚未根本突破，贵州的贫困落后有一定的历史渊源。

二　经济社会发展滞后的现实

贵州在历史上经济发展水平一直较为落后，近代以来，贵州历经抗战后方短期繁荣、新中国成立初期工业化发展、三线国防工业布局、改革开放市场化进程、西部大开发输血倾斜等各个典型发展机遇时期，经济社会发展取得了较大进步。从贵州省新中国成立以来的经济发展历程可以发现，改革开放以来，特别是西部大开发战略实施以来是贵州经济发展最为平稳、最为快速的时期（见表2-1）。

表2－1　　贵州经济发展历程（1952—2010年）

年份	GDP			人均GDP		
	绝对数（亿元）	指数（1952＝100）	指数（上年＝100）	绝对数（元）	指数（1952＝100）	指数（上年＝100）
1952	8.55	100.0	110.8	58	100.0	108.1
1955	11.61	143.2	108.2	74	133.6	106.0
1960	22.94	222.9	96.2	135	192.2	98.1
1965	24.41	188.4	119.7	136	153.3	115.4
1970	28.36	212.2	135.3	132	145.0	130.4
1975	31.10	247.4	110.6	124	144.8	107.5
1978	46.62	367.3	123.7	175	201.9	121.4
1980	60.26	425.6	104.4	219	226.2	102.7
1985	123.92	764.0	107.9	420	379.3	106.7
1990	260.14	1058.0	104.3	810	483.4	102.1
1995	636.21	1606.8	107.5	1826	686.7	105.9
1998	858.39	2069.4	108.5	2364	847.6	106.9
2000	1029.92	2440.6	108.4	2759	973.1	107.0
2005	2005.42	4004.4	112.7	5119	1519.9	111.8
2006	2338.98	4517.1	112.8	5932	1703.9	112.1
2007	2884.11	5185.5	114.8	7273	1945.8	114.2
2008	3561.56	5771.5	111.3	9428	2155.9	110.8
2009	3912.68	6429.5	111.4	10309	2390.8	110.9
2010	4602.16	7252.5	112.8	13119	2749.1	114.7

资料来源：《新中国60年统计资料汇编》，《贵州统计年鉴》（历年）。

根据经济增长类型，贵州经济发展历程大致可以划分为三个阶段：1949—1977年为第一阶段，属典型的古典式波动（即国民经济呈现正增长和负增长交替的经济波动），且经济波动较为剧烈。这一时期，全省GDP① 从6.23亿元增长到37.72亿元②，按可比价格计算增长了277.30%，

---

① 根据现行统计制度，省级及其以下应称为“地区生产总值”，为行文方便，本书对“国内生产总值”（GDP）和“地区生产总值”不加以区分。

② 书中所引用的数据资料除特殊说明外，1977年及以前的数据来源于《新中国55年统计资料汇编》；1978年及以后数据来源于《中国统计年鉴》（历年）和《贵州统计年鉴》（历年）。

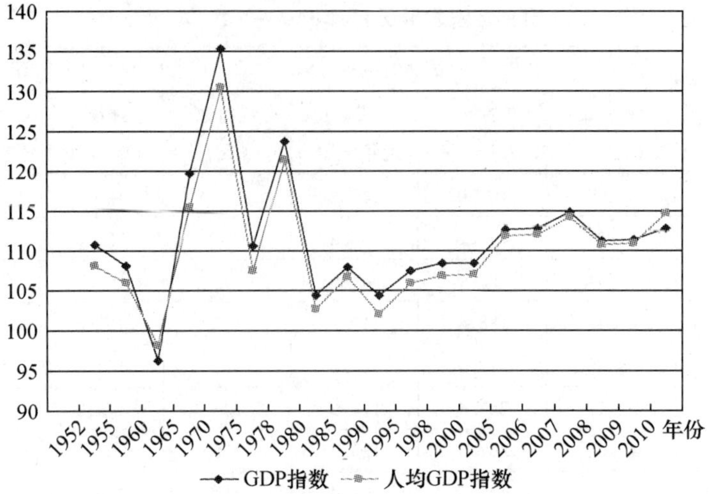

图 2-1 1952—2010 年贵州经济增长波动曲线图

注：GDP 指数和人均 GDP 指数的计算均以上一年为基期，即上年 =100。

年平均增长 4.86%；人均 GDP 从 44 元增长到 144 元，按可比价格计算增长了 204.20%，年平均增长 4.05%。经济增长波动性较强，大起大落态势明显，在 29 个年份中，经济增长最快的时候达到 35.30%（1970 年），增长最慢的则达到 -37.40%（1961 年），最大落差达到 72.70 个百分点。1978—1991 年为第二阶段，属增长型波动（总体正增长，经济波动主要体现为增长速度的高低起伏）。1978 年党的十一届三中全会的召开，揭开了贵州经济和社会发展的新篇章。该时期 GDP 按可比价格计算增长了 214.60%，年平均增长 9.22%；人均 GDP 按可比价格计算增长了 154.20%，年平均增长 7.44%，经济总体未出现负增长情况。1992 年至今为第三阶段，是贵州经济发展最快、运行最平稳的时期。全省 GDP 按可比价格计算增长了 4.79 倍，年平均增长 10.25%；人均 GDP 按可比价格计算增长了 4.53 倍，年平均增长 9.96%；三次产业增加值由 1992 年的 35.65∶35.92∶28.43 转变为 2010 年的 13.58∶39.11∶47.31。

经过西部大开发十年的“输血式”发展，贵州经济社会取得了较大进步。但是，贵州依然面临经济发展相对落后、经济增长内生动力不足等困境。从横向比较来看，贵州主要经济指标仍位居西部省区倒数几位。2009 年贵州人均 GDP 仍处于全国末位，在西部十二个省区中排名倒数第一；人均财政收入位居西部第八，城镇居民人均可支配收入增速、农村居民人均纯收入增速居西部倒数第二位。2010 年，贵州总人口占全国的 1/38，粮食产量占全国的 1/48，而经济总量仅占全国的 1/88，等级公路占公路总里程比重排在 31 位，高速公路占比排在 27 位，有效灌溉面积占耕地面积比重排在 31 位，每千人口医院和卫生院床位排在 29 位，高等教育毛入学率排在 29 位，高中阶段毛入学率排在 31 位，远低于全国平均水平。2010 年，全省城镇化率仅 33.8%，比全国低 16 个百分点；全省农民人均纯收入 3472 元，为全国平均水平 5919 元的 58.7%，处于全国最后一位，全省小康实现程度（59.4%）要比全国大体相差 10 年。贵州又是国家级贫困县最多的省份之一，全省 88 个区县中有国家级贫困县 50 个，绝对贫困人数占全国六分之一，贫困态势十分严峻。

三　工业化初级阶段的严峻挑战

贵州工业起步较晚，基础较弱。新中国成立前，全省工业总产值仅为 1.66 亿元，占工农业总产值的 14.8%，其中百分之九十以上为手工业产值，近代工业产值仅占 7.9%。作为一个内陆省份，贵州工业化起步大大晚于沿海地区。贵州工业化真正起步始于新中国成立以后，特别是“三线建设”时期。1949 年以后，通过没收官僚资本，建立国营工业，贵州采取各种措施调整民族工业，扶持促进个体手工业发展。发展了一批为农村经济服务的小型制造工业和农副产品加工业，初步建立了与农业紧密结合的社会主义工业基础。轻工业主要着眼于开发当地资源、发展名特产品；重工业主要是优先发展煤、电等能源工业和汞、水泥等原材料工业，机械工业开始从以修配为主向以制造为主转变。

在“大跃进”鼓动下，贵州全省出现了大办工业的热潮，国营工业基本建设投资迅速增加，兴建、扩建了纺织、造纸、日用化工等一批企业，从上海迁入了海光皮鞋厂等一批轻工企业。这一时期，贵州建立了一批骨干工业企业，初步形成了一些工业区（点），工业生产能力有了很大提高。主要工业产品由 30 多种增加到 100 多种，同时结束了贵州不产钢的历史。1960 年初期开始，工业进行了以压缩基本建设为主要内容的大调整，关、停、并、转了一批工业企业，压缩了部分重工业生产，加强了轻工业发展，强化了支农工业，增加了化肥、小农机的生产。1960 年中期，国家在贵州开始了大规模的“三线建设”，通过由沿海地区老工业基地的迁建、包建、援建和改建、扩建，相继建成了煤炭、电力、冶金、机械电子、化工等一批骨干企业和航天、航空、电子三大军工基地。历时13年的“三线建设”，国家对贵州工业的基本建设投资累计达到69.26亿元，先后安排了200多个大中型工业建设项目，对于奠定贵州现代工业的发展基础，改善贵州工业发展布局，开发贵州矿产资源，有效扩大贵州工业生产规模，推动贵州经济发展起了很大作用。同时，根据中共贵州省委提出的“与三线建设配套，充分利用地方资源，提高消费品自给率”的要求，地方工业也安排了1000多个小型建设项目。所有这些项目的实施，使贵州初步形成了一个以现代工业为骨干并拥有喷气动力、电子和遥控系统等当时三大尖端技术在内的工业体系。到1978年，全省工业总产值达到41.26亿元，工业总产值在工农业总产值中的比重由1965年的36.5%提高到60%，工业开始成为全省国民经济的支柱产业。

改革开放以后，贵州工业进入加速发展时期。原煤、发电、卷烟、白酒、中成药、化学肥料、轮胎、水泥、生铁、钢、铝等主要工业产品产量都有了较大程度增长。西部大开发战略实施以来，在相关政策支持下，以支柱产业为支撑、特色优势产业为依托、高新技术产业为先导的贵州特色工业体系正逐步形成和完善。能源工业作为第一支柱产业的地位和作用进一步增强，2000年至2009年全省新增电力装机2114万千瓦，是新中国成立后到2000年电力装机总和的4.27倍；煤炭年产量从2000年的3677万吨增加到2009年的1.36亿吨，“西电东送”格局已经形成。

当前，我国工业化进程总体已进入工业化中后期，但是，贵州省除贵阳等部分地区已进入工业化中期阶段外，贵州工业化水平总体上仍处于工业化初期的后半段，严重滞后于全国工业化平均水平。根据《中国省域经济综合竞争力发展报告（2010）》对我国各省省域经济综合竞争力进行综合分析，发现，贵州省各项工业竞争力指标处在全国排位靠后，其中，工业竞争力排名第31位、企业竞争力排名23位、工业化进程竞争力排名25位。从三次产业结构来看，第一产业对全省支撑作用较强，工业发展十分落后，对第三产业有效支撑不足。全省绝大多数企业规模过小、生产集中度低、规模经济效益未得到有效发挥，以贵阳市为例，2010年，贵阳市规模以上工业实现增加值335亿元，在西部10个省会城市中排位第八。从生产要素来看，贵州资金、土地、能源、矿产、劳动力等要素有弱化趋势，支撑能力不强，有特色、有核心产业支撑的园区较少，难以形成集聚效应。从产品结构来看，由于创新能力不足，一般产品相对过剩与技术含量高、附加值大的产品短缺同时并存。贵州总体处于工业化初期阶段的严峻现实，迫切要求贵州构建特色优势产业体系，走新型工业化道路，补上工业发展不足的历史欠账。

第二节　“三线建设”与西部大开发为增强自我发展能力奠定了基础

一　“三线建设”开启了贵州工业化进程

贵州因交通闭塞与外界联系较少，区域发展相对封闭。1840 年鸦片战争爆发后全国逐步出现了现代工商业的萌芽，贵州则起步很晚。贵州的近代工业基础主要是在抗日战争时期建立，而较为稳定的工业化进程则开始于六十年代的“三线建设”。“三线建设”是我国在特定历史条件下，基于对国际形势的判断和备战的需要，而做出的一项重大部署，即在贵州等一些地区按照“山、散、洞”等要求布局和建设了一批军工等重点行业重大项目。

从 1964 年下半年到 20 世纪 70 年代中期，中央政府在贵州投入大量资金，由全国各地调入大批技术人员和产业工人进行“三线建设”，经过十余年的建设，使贵州从一个典型的农业社会逐步接触到现代工业文明，交通运输基础设施逐步改善，人员素质显著提高，与外界的交流也逐步深入，对贵州经济社会的发展产生了深远影响①，贵州的工业化进程也由此真正启动。

第一，初步形成了具备自身特色的工业体系，为贵州工业下一步发展奠定了基础。贵州矿产资源相对丰富，但历史上开发利用较少，中央政府从全国和西南总体布局出发，依托贵州自然资源优势建设了一批煤炭开采、发电、冶金、有色、航空航天设备制造、食品、轻纺等项目。国家在贵州投入大量资金、设备和人才，建立了航空、航天、电子三大国防基地。这些项目实实在在地为贵州以后数十年的工业和整个国民经济的发展带来了难得的机遇。

第二，交通运输基础设施发生了翻天覆地的变化。由于特殊的地质、

① 张才良：《贵州三线建设述论》，《党史研究与教学》2004 年第 4 期。

地理条件，贵州自古以来交通运输非常困难。从秦朝开五尺道，到元朝修建驿道，再到明朝形成五条通往外省的主要驿道，直到解放以前，在1000多年的时间里贵州交通状况仍然没有太大改观。为了支持“三线”建设和加快贵州资源开发，国家在贵州先后建设了川黔铁路、贵昆铁路和湘黔铁路，这三条铁路与黔桂铁路一起，构成了贵州“十字形”铁路框架，使贵阳成为西南地区的铁路枢纽，与华北、华东、华南及西北的沟通趋于便捷。

第三，增强了贵州的科技实力。伴随着企业的迁入和开工建设，国家从发达地区征调了大批科研技术人员和专家学者，一些重点项目和设备在当时属于国内先进水平。科技人员和先进技术、设备的引进极大地促进了贵州科技实力的提升。

第四，促进全省经济社会的发展。数十个军工企业以及与之相配套的原材料供应基地、学校、医院、商业服务、邮电通信等设施的建立和完善，对全省各地工农业、交通运输、文化教育、医疗卫生等方方面面都产生了显著影响，这对于增强贵州经济实力、促进社会进步都具有重要意义。

改革开放以后，中央决定对“三线建设”进行改造，贵州省结合本省实际，把部分建在山沟、山洞、偏远地区的企业逐步迁到贵阳、遵义和安顺等中心城市。依托部分“三线建设”时期的重点企业，建设了贵阳的小河开发区等经济开发区，形成了航空航天、电子等支柱产业。

二 “西部大开发”使贵州进入加速发展期

自1999年年底西部大开发政策实施以来，贵州经济社会发展获得了重要历史机遇，也取得了重大成就。2000—2010年十年间，是贵州有史以来国民经济发展速度最快、发展质量最好、人民群众生活改善最为显著的时期。主要成就体现在以下几点：

第一，综合经济实力显著提升。2000—2010年，贵州全省GDP从1029.92亿元增长到4593.97亿元，按可比价格计算年均增长11.5%；财政总收入从153.04亿元增长到969.73亿元，年均增长20.3%；一般预算收入从85.23亿元增长到533.89亿元，年均增长20.14%；城镇居民人均可支配收入从5122元增长到14143元，年均增长8.3%；农民人均纯收入从1344元增长到3472元，年均增长7.0%。十年间贵州全社会固定资产投资额从402.50亿元增长到3186.28亿元，年均增长21.9%；三次产业固定资产投资分别由 15. 42 亿元、137. 10 亿元和 249. 98 亿元增长到 87. 39 亿元、1088. 97 亿元和 2009. 92 亿元，分别增长了 4. 67 倍、6. 94 倍和 7. 04 倍。

2000 年以来，贵州依托能源、矿产、生物、旅游等资源优势，不断深化结构调整，大力发展特色优势产业，产业结构不断调整优化。煤炭、电力、冶金、有色、化工、装备制造、烟酒、制药、特色食品加工和旅游业等特色优势产业逐步发展壮大。能源工业作为第一支柱产业的地位和作用进一步增强，“西电东送”格局已经形成；优势原材料产业不断壮大；烟酒工业的传统优势进一步巩固；装备制造业振兴步伐加快；民族制药、特色食品等产业发展迅速；电子信息产业取得长足进步；以旅游为龙头的服务业在国民经济中的地位日益凸显，对经济增长的贡献率进一步提高，支撑作用进一步增强，三次产业增加值比重由 26. 3∶38. 0∶35. 7 调整到 13. 6∶39. 1%∶47. 3。

第二，基础设施建设加速推进。西部大开发以来，贵州以交通、水利、通信、城镇公用事业为重点的基础设施建设加快推进。2000—2010 年，全省公路通车里程由 3. 46 万公里增加到 15. 15 万公里，其中高等级公路由 1. 7 万公里增加到 7. 25 万公里，高速公路达到 1507 公里；内河通航里程由 2132 公里增加到 3563 公里，建有并运营的民用机场达到 6 个；铁路营业里程由 1642 公里增加到 1983 公里。水利建设取得显著成效。全省农村人均有效灌溉面积由 0. 3 亩增加到 0. 6 亩，农业生产保障能力明显提升。

第三，生态建设和环境保护成效显著。贵州属典型的喀斯特地形，生态环境脆弱，同时又地处长江和珠江上游，生态地位极其重要。西部大开发战略实施以来，为加快建设“两江”上游重要生态屏障，贵州积极实施退耕还林（还草）、天然林保护、石漠化治理等重点生态工程。到 2010 年年末，全省森林覆盖率达到 40. 5%，比 2000 年提高了 9. 67 个百分点。“十一五”时期，全省共治理石漠化面积 6615 平方公里，占全省石漠化面积的 20%，生态环境得到不断改善。

第四，扶贫开发取得明显成就，社会事业不断进步。贵州扶贫开发取得了明显成就，农村贫困人口从 2000 年的 890 万人减少到 2010 年的 418 万人，贫困人口全部纳入低保，贫困地区生产生活条件明显改善。社会事业不断进步，教育事业加快发展，小学适龄儿童、初中入学率分别保持在

97% 和 95% 以上，高中阶段毛入学率达到 55%，高等教育毛入学率达到 20%。科技事业较快发展，科研转换能力进一步提高，卫生、文化、全民健身等事业全面发展；居民基本生活保障制度全面建立，为促进全省经济发展、民族团结、社会和谐发挥了重要作用，扶贫开发已经从以解决温饱为主要任务的阶段转入巩固温饱成果、加快脱贫致富、改善生态环境、提高发展能力、缩小发展差距的新阶段。社会保障水平不断提高，新型农村合作医疗制度实现全覆盖，农村危房改造和城镇居民社会保障性住房建设力度加大。

三　贵州增强自我发展能力的基础仍较薄弱

纵观贵州建省以来近 600 年（1413—2012 年）的发展历程，可以得出，"三线"建设和西部大开发时期是继明朝屯兵以来贵州又一次因外部植入而出现的快速发展时期，是贵州经济社会发展的黄金时期和重大战略机遇期。通过大规模的"三线"建设，贵州在交通基础设施、机械制造、采矿业和重工业等方面初步形成了相对完整的工业体系，以铁路为先导的"三线"建设，打破了贵州交通"瓶颈"的制约。西部大开发的十年是贵州抓住机遇加快发展的十年，贵州特色优势资源充分利用，并转化为经济优势，综合经济实力显著提升，以交通、水利为重点的基础设施加速推进，生态建设和环境保护成效明显，扶贫开发工作成效明显，社会事业不断进步，人民生活水平不断提高。总之，"三线"建设和西部大开发战略的实施对培育贵州省自我发展能力奠定了重要的基础。

外部植入式的推动对贵州经济发展的积极作用毋庸置疑，但是，贵州"三线"建设和西部大开发战略建立的经济和社会基础还相当薄弱。"三线建设"所形成的较大一部分项目与贵州的比较优势不能很好结合、和本地其他产业关系不够紧密，因而对增强本地自我发展能力的作用大打折扣。经过西部大开发十年"输血式"发展，当前贵州仍旧面临着经济发展相对缓慢、经济发展内生动力不足、资源优势尚未充分发挥、特色优势产业体系亟须构建、贫困问题依旧突出等一系列问题，贵州增强自我发展能力的紧迫性由此而见。

第三节 贵州增强自我发展能力的艰巨性

贵州作为深度贫困的内陆省份，尽快增强自我发展能力使其脱贫致富既是贵州也是全国十分紧迫的现实命题。但是，其艰巨性也必须清醒认识。

一 经济增长的内生动力严重不足

多年来，中央政府对贵州一直都少取多予，实施转移支付，西部大开发以来中央政府转移支付力度显著增强，贵州经济社会发展对中央政府的扶持依赖程度更强。从财政收支来看，贵州的一般预算收入一向显著小于一般预算支出，省内绝大多数区（县、市）也普遍如此。贵州的财政自给率（一般预算收入占一般预算支出的百分比）在西部大开发前的1998年为49.09%，1999年以来则显著下降，2009年达到最低点30.35%。

表2-2 贵州财政自给率（1978—2011年）

年份	财政总收入（亿元）	财政一般预算收入（亿元）	财政一般预算支出（亿元）	财政自给率（%）
1978	14.20	6.26	12.30	50.89
1980	13.23	6.69	12.66	52.84
1985	26.71	15.17	24.55	61.79
1990	49.36	35.37	47.87	73.89
1995	87.40	38.80	85.33	45.47
1998	136.31	65.34	133.09	49.09
1999	133.75	74.26	170.72	43.50
2000	153.04	85.23	201.57	42.28
2001	177.04	99.75	275.20	36.25
2002	203.03	108.28	316.67	34.19
2003	236.64	124.56	332.35	37.48
2004	296.48	149.29	418.42	35.68
2005	366.16	182.50	520.73	35.05
2006	448.88	226.82	610.64	37.14

续表

年份	财政总收入（亿元）	财政一般预算收入（亿元）	财政一般预算支出（亿元）	财政自给率（%）
2007	556.98	285.14	795.40	35.85
2008	674.58	349.55	1055.39	33.12
2009	779.59	416.48	1372.27	30.35
2010	969.57	533.73	1631.48	32.71
2011	1330.08	773.18	2244.32	34.45

资料来源：《贵州统计年鉴》（2011），《2011 年贵州省国民经济和社会发展统计公报》。

不仅一般预算收入远远低于一般预算支出，财政总支出收入也远低于一般预算支出。以 2009 年为例，当年全省财政总收入为 779.59 亿元，其中一般预算收入 416.48 亿元，该年全省一般预算支出达到 1372.27 亿元；一般预算收入相当于一般预算支出的 30.35%，财政总收入也仅相当于一般预算支出的 56.81%。发展经济学认为资本匮乏是阻碍不发达地区经济增长和发展的关键因素，贵州财政自给率低，地方财政困难，内生财力不足，主要靠中央财政转移支付帮助，已成为制约其又好又快发展的一个难题，更是贵州增强自我发展能力的迫切要求。

二　反贫困任务依旧十分艰巨

贵州作为我国最贫困的多民族地区，实现贫困地区跨越式发展对增强自我发展能力提出了严峻挑战。作为全国欠发达地区的典型代表，贵州省农村贫困人口之多、贫困发生率之高均列全国首位。2011 年年末，按照 2300 元的国家新贫困线标准，全国贫困人口约为 1.28 亿人，占农村户籍人口比例约为 13.4%；贵州贫困人口达到 1521 万，占农村人口总数的 45.1%；全省 88 个县（区、市）中国家级重点贫困县达到 50 个，省级扶贫开发重点县 33 个；贵州贫困不仅量大面广，而且程度深、返贫率高，贫困地区主要集中于三大集中连片贫困地区：武陵山区、乌蒙山区、滇黔桂石漠化地区。这些贫困地区的突出特点是：交通、水利等基础设施建设滞后、产业发育层次低、生态环境脆弱、公共服务水平较低、居民文化素质和医疗条件较差。

造成贵州经济和社会发展水平低下的原因很多，也一直备受相关学者的关注。赵伟（1999）曾将贵州和瑞士进行对比[①]，试图分析贵州发展滞后的原因。贵州在自然条件方面总体比瑞士优越，但经济发展水平却存在天壤之别。赵伟通过两个方面进行了极富洞察力的分析：该国的主导产业——该国靠什么产业致富？促使这些主导产业形成的主要原因？这两方面的研究也是本书的重要组成部分。贵州深度贫困的原因在于以下几个方面：

第一，贵州自然资源优势并不十分明显且又开发利用不足。贵州相对较多的自然资源是煤、磷、铝等矿藏，但这些资源并不十分稀缺，煤炭在南方存在相对优势，但贵州富煤贫油也是现实。煤炭资源勘察不足，开采条件并不有利。目前的煤炭开发主要是开采和火力发电，煤化工才刚刚起步，因而资源附加值较低。磷矿的利用目前也仅限于原料的粗加工，缺乏核心竞争力使得该行业受宏观经济形势波动影响较大；铝行业基本也是如此。

第二，交通水利基础设施制约。贵州交通的显著改善是在西部大开发以后的十余年，但和东中部相比交通运输不便、物流成本高的局面依然存在。快速通道建设不足、高等级路网密度低、物流行业发展滞后仍然制约着经济社会的快速发展。贵州雨量充沛，但特殊的地质地理条件和水利基础设施建设历史欠债较多使得工程性缺水问题严重影响生产、生活和生态建设正常进行。

第三，物质资本严重不足。在未来时期内，固定资本形成对我国的经济发展仍将发挥重要作用，鉴于贵州经济社会发展水平，本地对固定资本的依赖程度更加严重。相关历史核算表明[②]，贵州 2009 年人均固定资本存量水平不及全国平均水平的 1/3，差距十分明显、制约十分突出。

第四，人力资本、企业家才能和科技投入不足。由于经济发展水平低，地方政府对教育投入不足，基本公共服务均等化问题也没有得到很好的解决；经济发展滞后导致人才外流严重，所以人力资本积累和东中部相比差距较大。企业家队伍的培养需要在合适的经济社会发展环境中进行，但贵州的投资环境和创业环境仍有很大的改进空间；本地竞争意识的缺乏也限制了企业家创新意识的提高。现实需要是科技发展的最大推动力，基

① 赵伟：《发展经济的决策由谁来作出为好：对瑞士与贵州经济的比较思考》，《经济学消息报》1999 年 4 月 2 日。

② 下文将详细说明。

本的研发基础是科技活动的必要条件，贵州产业基础薄弱、科技活动投入不足难以支撑科技事业的快速发展。

第五，制度环境的制约。制度经济学、新制度经济学和内生增长理论对制度的作用高度重视，实际上在《国富论》中亚当·斯密也非常关注。他在清乾隆三十一年（1776 年）对当时中国经济陷入长期停滞进行了初步分析，他认为当时“……中国的财富已经完全达到了该国法律制度所允许的发展程度”。当前，全国范围内特别是东部地区市场化体制不断深化、对外开放程度不断提高，贵州虽然也进步显著，但在民营经济发展、对外开放等方面不可同日而语。

第六，产业体系不完善。赵伟（1999）的分析抓住了贵州经济发展滞后的直接原因，贵州历史上不曾出现强大的产业体系、未能形成显著的产业集聚，在此背景下经济的快速持续发展显然步履维艰。

三　建设全面小康形势依然严峻

党的十六大指出，“我们要在本世纪头二十年，集中力量全面建设惠及十几亿人口的更高水平的小康社会，使经济更加发展、民主更加健全、科教更加进步、文化更加繁荣、社会更加和谐、人民生活更加殷实。”而经济社会发展一直落后的贵州始终是我国全面建设小康社会的难点和重点地区，贵州全面小康社会建设进度与全国的差距越拉越大，建设全面小康形势依然严峻，建设全面小康社会奋斗目标的实现离不开贵州的全面小康，贵州也必须通过培育自我发展能力，争取如期与全国一道实现全面建设小康社会。

2008 年 6 月国家统计局正式印发了《全面建设小康社会统计监测方案》（以下简称《监测方案》），方案中全面建设小康社会指标体系由经济发展（权重为 29）、社会和谐（15）、生活质量（19）、民主法制（11）、文化教育（14）、资源环境（12）6 个方面 23 项指标组成，实现程度 60 为总体小康，实现程度 100 为全面小康。据测算，2009 年，中国全面建设小康社会的实现程度达到 77.1%；北京、上海的实现程度接近 95%；西部地区总体实现程度达到 69%，比全国平均水平总体落后三年；贵州的实现程度仅为 59.4%，相当于全国 2000 年水平，比全国平均水平落后约 9 年，如期实现全面建设小康社会目标难度极大。

人均经济水平的高低对小康社会进程至关重要，在较大程度上影响了建设全面小康社会的实现程度，指标体系中经济发展部分权重为 29%，该部分人均 GDP 指标作为 23 项监测指标中权重最大的指标，指标权重达到 12%，根据《监测方案》的要求，2020 年人均 GDP 按 2000 年不变价计算应达到 31400 元。2009 年，贵州人均 GDP 为 10309 元，按 2000 年不变价计算为 4196 元，2020 年达到 31400 元需要增长 6.78 倍，年均增长 20.08%，这样的速度非常具有挑战性。

贵州居民人均可支配收入的小康实现程度仍处于较低的水平，2010 年，贵州城镇居民人均可支配收入、农民人均纯收入分别相当于全国的 74.0% 和 58.7%，分别居各省份第 27 位和第 30 位。居民收入水平低与收入差距大的问题同时并存。2010 年贵州基尼系数达到 0.49，远超过了 0.4 的警戒线，此项指标小康实现程度仅为 10.7%；2010 年城乡居民收入比为 4.07，小康实现程度为 0。当前，贵州省离 2020 年实现全面小康目标还有很大差距，任务十分艰巨。贵州要实现 2020 年全面小康社会目标和 2050 年基本实现现代化目标，必须尽早增强自我发展能力，大力实施工业强省战略，构建特色优势产业体系，增强工业对国民经济的带动作用；坚持开发式扶贫方针，扎实推进扶贫脱贫攻坚工程，全面保障和改善民生。通过跨越式发展尽快迎头赶上，争取到 2020 年与全国同步实现全面小康。

第三章 贵州自我发展能力的评价

贵州的人口规模和国土面积足以与很多国家相匹敌，讨论贵州的经济社会发展和讨论一些国家的发展问题存在一定的共性，这一问题的本质仍然是经济增长问题。但贵州也是我国这样一个统一国家的一个省份，中央政府历来对贵州的发展实施了扶持政策，贵州享有一个单独国家所难以获得的额外支持；贵州和国内各省之间要素流动相对于国家之间要容易得多。本书之所以关注贵州的自我发展能力问题，主要目标在于剖析这个自然资源禀赋优于瑞士的地区为何经济社会发展长期严重滞后①；为什么经过长期扶贫救济的贵州仍是全国贫困发生率最高的地方；应如何走出“贫困的恶性循环”。为此，我们需要对贵州的自我发展能力现状和问题进行客观评价，作为进一步寻找贵州摆脱贫困、实现全面小康发展途径的重要依据。

第一节 区域自我发展能力量化评价方法的构建

一 评价指标的理论依据

（一）自我发展能力的评价与衡量的理论分析

与区域自我发展能力评价直接相关的研究成果极其有限。近期，闫磊博士在其博士论文（闫磊 2011）中系统评述了有关能力的几种理论，试

---

① 瑞士的国土面积4.13万平方公里，2009年年末人口778.6万人，2010年GDP达到5462亿瑞士法郎（按照2011年3月汇率约合6043亿美元），人均GDP 70152瑞士法郎（约合77618美元）；贵州国土面积17.62万平方公里，2009年年末户籍人口4090万人（常住人口3537万人），2010年GDP 4602亿元人民币（按照2010年平均汇率约合680亿美元），人均13119元（约合1938美元）。贵州国土面积和人口约相当于4—5个瑞士，但经济产出仅相当于瑞士的1/9。

图建立一种区域自我发展能力理论分析框架，对西部自我发展能力进行评价。但该文未能按照经济学一般方法和思路进行研究，结论略显空泛。成学真等（2010）将区域发展自生能力分解为区域产业发展能力、区域内企业竞争力、区域生态环境可持续能力、区域金融服务能力和地方政府的调控能力。他们意识到区域产业发展能力是形成区域发展自生能力的前提，产业发展在区域经济中地位重要；区域产业发展包括区域产业结构的升级、区域产业组织的优化、主导产业科学选择与合理定位等。在此基础上，成学真教授等人构造了区域发展自生能力系统框架，从区域产业发展能力、区内企业竞争力、区域金融服务能力、区域生态环境可持续能力和地方政府行政调控能力五个子能力系统出发，构建区域发展自生能力的评价指标体系。但是，目前尚未检索查阅到他们具体的评价方法和评价结果，所以更多的是一种思路介绍。

评价与衡量一个区域特别是落后地区的自我发展能力离不开区域自然资源、基础设施、经济环境、科教水平等因素，更不能忽略制度的作用。对于这些影响因子的理论认识需要进一步加以澄清。

1. 自然资源的作用判断

20世纪60年代以前，经济学家普遍认为丰裕的自然资源特别是良好的矿产资源条件能够为工业化推进提供良好的基础条件，所以自然资源对于经济发展具有积极作用。后来学界普遍意识到：绝大多数严重依赖自然资源的国家其长期经济增长状况明显比很多资源严重匮乏的国家要差得多，从而对自然资源在经济增长中的作用开始重新认识，对于自然资源和资源型产业在经济发展中到底是“恩赐”还是“诅咒”这样的问题进行了长期而又深入的研究。无论采用何种方法，基本结论却是一致的：自然资源丰裕程度和经济增长表现呈显著的负相关关系，单纯的自然资源并不能带来繁荣。

“资源诅咒”现象为什么会出现？其具体运行机制如何？这些问题在过去的几十年间吸引了很多学者参与其中。已有的成果普遍关注以下几种传导机制（邵帅、齐中英，2008；景普秋，2010）：一是价格变化效应或者贸易条件波动。初级产品的价格往往会产生巨大波动，因而对出口国的居民收入、居民消费需求、政府财政收入等产生较大冲击，宏观经济的大幅度震荡对长期经济增长必将产生显著的不利影响。二是“荷兰病”效应。丰富的自然资源和一夜暴富的诱惑会促使各种资源快速向资源开发领域转移，制造业和其他行业的发展受到抑制。相对于制造业，资源开采和粗加工行业缺乏对其余行业的带动作用，技术水平和对人力资源的要求也相对较低，产期发展的结果是导致人力资源外流和技术发展停滞，进而导致经济发展衰退。三是挤出效应。丰富的自然资源使人们认为未来时期衣食无忧，居民在储蓄投资、教育投入、技术创新等领域都会缺乏积极性。四是政治制度恶化效应。富足的自然资源往往伴随着寻租、设租、腐败贿赂等问题，利益集团的产生导致制度环境恶化，限制经济的长期增长。

当然，如果存在一种合理的机制能够保证在开发利用资源的同时不会产生寻租、设租、腐败、教育投资弱化、技术进步缓慢等负面效应，资源丰裕可以成为“恩赐”和“福音”。

国内关于“资源诅咒”问题的研究始于最近几年，这类研究有助于人们厘清中国西部是否存在“资源诅咒”现象，进而判断资源丰裕是否与自我发展能力呈正相关。

徐康宁和王剑（2006）利用我国各省的面板数据进行计量经济学检验，研究发现：西部不仅在各省之间存在“资源诅咒”现象，地区层面也存在此类现象。究其原因主要在于资本投入的转移机制和劳动投入的转移机制，资本投入转移机制的作用更为明显。邵帅及其合作者（邵帅、齐中英，2008；邵帅、杨莉莉，2010）的研究结果表明：第一，西部地区确实存在“资源诅咒现象”；第二，对资源型产业的过度依赖导致制度环境恶化、投资和人力资本挤出。所以西部地区经济发展过程中必须及早准备，改变过于依赖资源的发展战略，在制度层面预防围绕自然资源的寻租、设租、腐败等问题的出现。岳利萍等人（2011）的发现总体上与前文的分析和实证检验基本一致。

总体上，经济起飞阶段的资源更多的是“福音”而非“诅咒”；但对资源长期的过度依赖则将导致该经济体对“意外之财”的迷恋、寻租盛行、产业升级缓慢、技术停滞不前、其他产业发展受阻、对教育缺乏应有的重视等问题，由此使得本地经济发展前景黯淡。但是，如果在资源开发利用的同时能够及早规划产业升级、培育新的增长点、积极推动体制改革，资源仍然可以成为发展的“福音”。

2. 基础设施的重要性

亚当·斯密在其《国富论》中认为基础设施减少空间距离成本、扩大市场范围、改善企业经营、促进市场竞争。由于基础设施具有较强的外部经济，依靠私人资源提供将导致严重不足，所以政府应主动提供。

斯密以后发展经济学将基础设施作为经济发展的基本条件进行系统研究。罗森斯坦·罗丹的大推进理论将基础设施视为社会发展的先行资本，他认为只有加强基础设施投资，才能推动整个国民经济的全面、均衡发展，走出“贫困恶性循环”。同一时期，罗斯托的经济起飞理论也认为，在经济发展的早期阶段，政府应加大基础设施建设，为实现经济起飞创造条件。

20 世纪 80 年代中后期主流经济学有关基础设施的研究主要集中于两个方面：一是基础设施对经济增长的积极影响到底有多少，如 Aschauer 关于美国公共基础设施与私人部门总产出之间的实证分析；二是基础设施的空间溢出效应研究，集中于验证阐述基础设施对相邻地区的正负外部性影响。这一时期的研究结论认为基础设施对相邻地区可能产生正的外部性也可能产生负的外部性，各地必须大力发展本地基础设施才能有利于要素向本地区的集聚。1994 年世界银行《为发展提供基础设施》报告认为基础设施通常具有规模经济特征，使用者能够向非使用者产生扩散作用。内生增长理论认识到经济性基础设施的生产性，其作为中间投入品能够降低其他生产要素的生产成本、提升生产率，避免要素边际生产力下降，还有利于深化劳动分工、促进社会化大生产，随着分工和中间投入品数量的拓展，经济具有了内生增长动力。Agénor 发现公共基础设施服务对人力资本具有显著的积极影响：良好的基础设施服务有助于健康水平的提升和教育投资的改善，从而提升社会的人力资本水平，有利于经济的健康持续发展。

除了有助于经济增长之外，基础设施的福利效应也不容忽视：基础设施质量的提升明显改善了居民的健康状况及受教育水平；基础设施建设是实现地区经济起飞的关键条件；由于基础设施水平影响劳动力流动及企业选址，地区倾斜性基础设施建设是缩小区域间发展不平衡的重要政策性工具，是决定区域间经济增长和生产率水平收敛的重要因素之一。

对我国基础设施的具体作用，有许多学者进行了卓有成效的经验研究。

Démurger 等人（2002）的研究表明，便利的交通和低廉的运输成本（原因在于航运便利）使得东南沿海地区和其他地区相比更容易建设制造业加工和出口基地。刘生龙、胡鞍钢（2010）利用我国 28 个省市区

21 年的面板数据构造计量经济模型，实证检验表明：在我国经济增长中交通运输基础设施作用巨大；西部大开发战略促进了西部经济和东中部之间减小差距，这一效果主要得益于西部地区交通运输基础设施条件的显著改善。刘秉镰等（2010）运用相关数据资料构造了空间面板计量模型，实证研究了我国 1997—2007 年间交通基础设施和 TFP 增长之间的关系，发展在此期间我国 TFP 增长中超过一半是由于交通条件改善而带动的。

西部地区因其特殊的地理区位条件和地质条件，交通、水利等基础设施对经济社会发展的“瓶颈”制约作用依然较为明显，尽快改善基础设施状况也成为增强自我发展能力的基本要求。

3. 金融深化的促进功能

金融在经济增长中的作用最早可以追溯到熊彼特，在 1912 年出版的《经济发展理论》中较为完整地阐述了他的经济发展认识。在熊彼特看来，虽然信贷资本并不直接参与财富的创造和积累，但信贷资本对于稀缺资源向掌握创新成果企业集聚发挥了重要作用，金融中介的发展有利于技术进步，推动了经济增长。

对于金融在区域发展中作用，近年来的分析主要是通过经验分析检验早期理论假说。Guiso 等人（2002）对于意大利各区域研究表明，金融发展通过提高创业可能性、有利于新企业进入、提高市场竞争程度等方面的作用促进经济发展；即使在同一个国家，由于各地金融发展程度不同经济发展水平也会存在差别。

刘德学和熊芳（2011）从金融对经济发展方式经济增长方式的转变的影响入手，分析了金融体制对资源配置的影响。张军教授等人的研究显示，我国转轨时期金融深化能够显著促进 TFP 的提高。陈灵、徐云松（2011）利用 2000—2009 年我国西部地区各省的面板数据，对西部大开发战略实施十年来各地金融发展与经济增长的长期关系和短期关系进行了实证研究。总体来看，大多数学者认为区域经济增长和区域金融密切相关，通过推动区域的金融深化可以有效缩小各区域间经济发展差距，也可有效提升区域自我发展能力。

4. 宏观税负水平的影响

我国近年来税收收入增速快于 GDP 的趋势非常明显，各地因产业结构等原因税负差异也较为显著。对于我国各地税负水平对经济发展的影响，相关实证研究结果基本一致：保持其他因素不变，税负水平与经济增长速度呈负相关。李喆（2011）利用1978—2009年全国31个省份GDP和政府财力集中度的面板数据资料进行计量经济学检验，发现降低地方政府财力集中度（即财政收入占GDP的比值）可以提高省级地区经济增长率；西部地区政府财力集中度每减少一个百分点，同等条件下可以使当地经济增长率上升10.63个百分点。李涛等（2011）同样利用我国各省面板数据进行空间计量经济分析，发现地区宏观税负阻碍了经济增长，与企业实际税负密切相关的三个主要收入种类（增值税、企业所得税以及地方费类收入）都具有显著的抑制经济增长的影响。秦劲松和肖加元（2011）发现分税制改革后地方税负差距出现了扩大化趋势，我国地方税负的分布情况呈现比较明显的“马太效应”，越是中西部欠发达地区税负越重。

西部地区企业普遍盈利能力不强，过高的税负既影响企业的区位选择，也影响企业的生存能力，因而至少在短期内税负过高对区域自我发展能力有不利影响。

5. 科技教育的促进作用

新古典经济学以来，理论和实际工作者对科技的作用都高度重视，邓小平同志关于“科技是第一生产力”的论断正是对科技作用的高度概括。卢方元和靳丹丹（2011）对全国30个省区市2000—2009年的R&D投入和经济增长的长期均衡关系进行了实证分析，发现R&D投入对经济发展具有明显的促进作用，总体上北京、广东等地R&D投入的产出弹性较大而西部地区产出弹性相对较小。陶建宏和师萍（2011）发现，在经济系统中R&D投入和经济增长之间是相互作用的两个方面，西部地区R&D投入与经济增长之间的格兰杰（Granger）因果关系检验表明，R&D投入和GDP之间存在双向因果关系，R&D投入促进经济增长，经济增长反过来彼此相互促进。

人力资本在经济增长中的重要性有目共睹。新增长理论认为，人力资本是各国经济增长差异的主要原因，也直接影响各国净增长收敛或发散；人力资本可以通过技术进步这一中介推动经济增长，从而成为各国经济增长发散的主因。经验研究方面，经济学家们主要关注于经济增长的收敛性估计。Barro对98个国家的截面数据分析表明，初始人力资本对经济增长率的系数显著为正，表明人力资本是经济发散的重要因素。

国内学者从不同侧面实证检验了教育对区域经济增长的影响。张海峰等（2010）利用我国各省1980—2005年间的面板数据资料估计了教育数量和教育质量对地区劳动生产率的影响。估计结果表明，和教育数量相比教育质量对劳动生产率的积极作用更为显著和稳健；教育数量对劳动生产率的影响在一定程度上取决于教育质量状况。朱承亮等人（2011）对1998—2008年各地人力资本及其结构进行了度量分析。他们对人力资本、人力资本结构与区域经济增长效率之间的关系进行了研究。发现这一期间我国各地人均受教育水平不断提高，但区域差异依然较大；投资于人力资本能够促进经济增长效率的改善，但改善作用并不十分明显；在人力资本构成中，接受过高等教育的人力资本对经济增长效率改善具有较大促进作用；各地人力资本结构的经济增长效应存在差异。雷鹏（2011）发现当前制约我国西部发展的关键因素之一就是人均人力资本水平偏低，为了促进西部经济的更快发展，需要加强基础教育投入，提高人力资本质量。胡永远（2011）对于为什么中国的地区经济增长在20世纪80年代呈现收敛而20世纪90年代后发散、人力资本究竟是怎样作用于经济增长等问题进行了深入研究。发现人力资本增长与地区经济增长之间存在同向变化的趋势；欠发达地区较高的人力资本增长速度是导致20世纪80年代地区经济增长收敛的一个重要因素。因此，加大欠发达地区的人力资本投入，促进人力资本积累，对于缩小地区间经济增长差异，增强其自我发展能力具有十分重要的意义。

6. 制度的实际作用

自道格拉斯·诺斯（North，1971、1990）的开创性研究成果发表以来，制度对于经济增长的重要作用日益受到经济学界和实践工作者的重视。中国改革开放前后经济社会发展的实践经验充分表明：制度是至关重要的。中国的改革开放总体上可以看作是市场化进程不断推进、经济自由程度不断提高的过程。

诺斯认为，自由经济制度下市场机制中的激励制度有利于经济的长期繁荣稳定。巴罗认为经济开放程度的提高有助于一国充分吸收其他先进国家的技术，促进本国的经济增长。卢卡斯通过一系列数理经济模型推导，发现自由贸易有利于一国的技术进步，提高该国的全要素生产率并进而促进经济的长期增长。对于经济增长与经济自由关系的实证研究出现较晚，主要是经济自由的衡量存在一定的困难。直到1997年Easton和Walker（1997）在Mankiw、Romer和Weil（1992）的模型基础上进行了经济自由与经济增长关系的实证研究。受益于弗雷泽研究所（Fraser Institute）和传统基金会（Heritage Foundation）的“经济自由指数”、樊纲等人的“市场化指数”评价和公布，国际国内对于经济自由和经济增长关系的跨国、跨地区比较已经较为便利。

弗雷泽研究所自1986年以来每年都对世界各主要国家和地区的经济自由程度进行比较。他们使用5个方面的21个指标来计算各经济体的经济自由指数。弗雷泽研究所的经济自由指数所考察的5个方面是：政府的规模；司法机制和产权的保障；货币制度的健全性；与外商交易的自由程度；以及对信用、劳动和工商业的管制。传统基金会利用50个变量从以下10个方面来考察各个国家或地区的经济自由程度：贸易政策、政府的财政负担、政府对经济的干预、货币政策、资本流量和外国投资、金融和货币、工资和物价、产权、政府管制，以及非正规市场活动。上述两大机构每年所公布的经济自由指数，其实就是资源配置由市场决定的程度，也就是市场化指数。这两个指数使我们能够对世界上一百多个国家和地区的市场化能够进行对比，并使我们找出与其他国家的差别。国内学者对市场化衡量的研究以樊纲等人的研究最具代表性。

王文举、范合君（2007）对我国30个省区市经济自由与经济增长之间的关系进行了实证研究，发现市场化改革对我国经济增长有着显著的积极影响，经济增长中14.22%是由市场化体制改革所带来的。市场化改革带来的资源配置效率的改进仅次于固定资本投资，是影响经济增长第二大因素。吴晓晖、叶瑛（2009）从微观层面分析了市场化进程对企业绩效的影响，发现市场化进程与企业绩效之间呈现显著正向关系，市场化改革促进了企业绩效的改善并进而促进经济增长。张建辉、靳涛（2011）从贸易、税收、物价、政府干预、人口流动限制、民营经济发展等方面对经济自由进行衡量，检验了我国自1978年以来经济自由与增长的关系。研究结果表明，经济越自由，越能提高经济增长率。张建辉等人发现，经济自由与经济增长互为因果关系：经济自由程度的提高能为市场交易的参与者创造良好的制度环境，有助于经济效率的提高和经济增长；经济增长水平提高也为经济自由环境的进一步改善提供有利的条件，因为更高的经济增长水平要求有更高的经济自由环境与之相适应。

通过上述分析不难发现，促进区域经济增长与发展的要素与增强区域自我发展能力的要素类型基本吻合，区域自我发展能力的评价与衡量应充分重视上述因素的正反作用。

（二）中央有关增强自我发展能力的政策脉络

西部大开发战略的正式提出是在1999年9月召开的中共十五届四中全会，对于西部大开发战略的重要意义强调指出："这一开发战略是直接关系到扩大内需、促进经济增长，关系到西部协调发展和最终实现共同富裕的重大问题，是党中央总揽全局，面向新世纪做出的重大决策"。会议通过的《中共中央关于国有企业改革和发展若干重大问题的决定》提出了西部大开发战略的基本设想：一方面通过国家增加财政转移支付、优先安排事关长远发展和民生改善的基础设施项目；另一方面西部地区立足自身实际情况注重利用已有产业基础、发挥比较优势逐步实现产业优化升级。此后，对西部大开发战略重要性的认识不断深化，对西部大开发战略的具体措施不断细化。

2000年12月，国务院下发《关于实施西部大开发若干政策措施的通知》，提出在此后的一段时期，实施西部大开发的重点任务是：加快基础设施建设；加强生态环境保护和建设；调整产业结构，推动优势产业加快发展；注重科技教育、医疗卫生和文化事业发展。希望经过5—10年时间，以西部地区基础设施和生态环境建设的重大突破奠定下一阶段西部发展的良好基础。长期设想是经过50年左右，到2050年，西部地区实现经济繁荣、社会进步、生活安定、民族团结、山川秀美的总体目标。

2002年7月，国家计委、国务院西部开发办发布《"十五"西部开发总体规划》，把国家和各方面支持同西部地区自力更生、艰苦奋斗结合起来。国家实行重点支持西部开发的政策措施，号召和鼓励发达地区、社会各界广泛参与西部开发这一伟大工程，创造条件鼓励国际、国内资金、技术、人才投入西部开发；希望西部地区发扬自力更生、艰苦奋斗、持之以恒的精神，发挥主动性、积极性和创造性，逐步建立自我发展的良性运行机制，提高区域的经济活力和产业的市场竞争力。

2004年3月，国务院颁布《关于进一步推进西部大开发的若干意见》，要求西部地区大力发展各地特色经济。认为西部地区总体资源优势较为突出，但将资源优势转化为经济优势、为西部劳动就业和居民生活水平提高发挥作用，其根本途径还是要通过相关产业的发展壮大来带动。同时，只有以特色产业的发展壮大才能使西部增强自我发展能力。意见立足西部地区自然资源特点和各地已有产业基础，结合市场经济基本要求，要求西部注重市场需求，重点发展能源、矿产品开发、特色装备制造、旅游、特色轻工产品加工制造等优势产业。在对内、对外逐步开放的背景下，西部要主动参与国际国内竞争；遵循科学发展观要求，大力引进开发先进适用技术，走新型工业化道路。意见第一次明确提出西部地区的自我发展能力问题，中央对西部塑造现代产业体系、促进资源优势向经济优势转化和增强自身造血机能已经提出了较为明确的要求。

2006 年 5 月，国务院西部地区开发领导小组办公室等六部门发布《关于促进西部地区特色优势产业发展的意见》，意见对如何加快西部地区特色优势产业发展、优化产业结构和布局、增强西部地区自我发展能力进行了具体安排。对增强西部地区自我发展能力的途径，这一意见的主要落脚点是发展西部地区特色优势产业，意见对发展西部地区特色优势产业的总体思路、发展重点和政策措施等进行了具体部署。在发展西部地区特色优势产业的指导原则部分，意见要求：一是要坚持市场导向。通过进一步完善市场机制，让市场在资源配置中充分发挥基础性作用，适应市场机制运行规律，注重发挥资本的纽带作用、企业的主体作用，注重国际国内两种力量，通过一大批有实力的大型龙头企业带动区域经济总体市场竞争力的提高。二是发挥比较优势。西部地区的发展离不开国家的扶持和发达地区的帮助，但长远的发展必须要立足本地禀赋条件在限定条件下追求收益的最大化，这就要求各地充分发挥资源优势，并通过延伸产业链、提高产品科技含量增加附加值。三是促进合理布局。西部大开发不能“撒胡椒面”，必须通过重点地带、重点城市和重点项目的优先发展，通过增长极的塑造逐步带动整个西部的大发展，同时要注重资源的合理保护和科学利用，走科学发展之路。四是转变增长方式。新形势下必须要更主要地通过科技进步促进内涵式发展，以循环经济模式促进资源节约和环境保护。

2007 年 2 月，国家发改委、国务院西部开发办公室出台了《西部大开发“十一五”规划》，总结了“十一五”时期西部大开发战略取得的成就和经验，也清醒地认识到：经过几年的发展，西部地区的自我发展能力仍然不足，突出表现在企业普遍技术创新能力不足、产业结构不够合理、产业链条过短等方面，由此使得资源优势难以转化为经济优势。“十一五”期间西部需要注重增强自我发展能力，通过重点地区增长极的优先开发带动区域全面发展，通过特色优势产业加快发展带动其他产业共同发展，努力在西部地区形成若干特色资源加工基地和优势产业发展基地。

2010 年 5 月，中央政治局会议专题研究了深入实施西部大开发战略的总体思路和政策措施。会议总结了前一个十年的西部大开发战略所取得的成就、积累的经验，对下一阶段西部大开发战略面临的形势和机遇进行准确把握，部署了未来时期需要采取的重大战略举措。会议发布了《中共中央国务院关于深入实施西部大开发战略的若干意见》，这是指导下一个十年西部大开发的纲领性文件。意见认为，虽然前一阶段的工作成就显著，但西部地区与东部地区发展水平的差距仍然较大，西部各地在基础设施建设、生态环境保护等方面问题依然较多、“瓶颈”制约仍然存在，特别是西部自我发展能力不强的状况尚未得到根本扭转。对于 2011—2020 年西部大开发战略的指导思想，意见提出，要以增强自我发展能力为主线，更加注重西部各地经济结构调整和自主创新，着力推进特色优势产业发展。

在《中共中央国务院关于深入实施西部大开发战略的若干意见》中，重点之一就是对增强自我发展能力途径的论述。意见在“发展特色优势产业，增强自我发展能力”部分中提出：发展特色优势产业是增强西部地区发展内生动力的主要途径；要深入实施以市场为导向的优势资源转化战略，坚持走新型工业化道路，建设国家重要战略资源接续区，努力形成传统优势产业、战略性新兴产业和现代服务业协调发展新格局。对于西部特色优势产业体系建设努力的方向，意见明确，西部要“建设国家能源基地、建设资源深加工基地、建设装备制造业基地、建设战略性新兴产业基地、积极承接产业转移、推进节能减排和发展循环经济、大力发展现代服务业”。

2012 年 1 月，为进一步促进贵州经济社会又好又快发展，国务院制定并颁布了《关于进一步促进贵州经济社会又好又快发展的若干意见》，其中以较大篇幅对壮大特色优势产业、增强自我发展能力提出了明确要求。意见在“壮大特色优势产业，增强自我发展能力”部分明确指出：贵州要按照市场需求，发挥本地资源优势，优化生产力空间布局，促进产业转型升级，坚定不移地走新型工业化道路，加快构建现代产业体系。根据本地资源优势和已有产业基础，贵州要进一步做大做强能源产业、资源深加工产业、装备制造业、特色轻工业、文化和旅游产业；按照科学发展观和新型工业化道路要求，贵州还需培育发展战略性新兴产业，提高科技创新支撑能力，切实做好节能减排工作，大力发展现代服务业。

从上述意见梳理脉络中可以清晰地看到，自我发展能力的命题是一个渐续演变的认识过程。本书认为，中央之所以强调下一个十年的西部大开发将以增强自我发展能力为主线，主要是希望西部地区在中央政府倾斜式投入逐步淡化以后仍然能够较快地、可持续地经济社会发展；增强自我发展能力的核心在于西部地区能够发挥自身优势、克服不利因素，逐步具备核心竞争力。通过2000年以来重在“打基础”的大规模基础设施建设、生态环境建设、教育投入，西部发展的支撑能力已经显著提升。

中央提出，只有加快西部地区特色优势产业发展，才能促进资源优势向经济优势转化，也只有通过极有特色又有优势的产业体系塑造才能增强西部地区自我发展能力、增强长远发展的实力，所以特色优势产业的发展下一阶段继续推进西部大开发重要任务，是优化产业结构调整、转变经济增长方式的具体措施。

增强自我发展能力的主要目的在于强调自身竞争力、可持续发展能力的提高。为此，除了重视资本、土地、技术、人力资本、制度、基础设施等经济增长要素之外，还要注重经济政策的选择。西部地区的比较优势在于自然资源富集和廉价劳动力丰富，主要劣势在于发展水平低、基础设施相对薄弱、市场化进程相对滞后、人力资源和技术水平相对不足。为了促进西部的跨越式发展，必须要发挥比较优势，避免“比较优势陷阱”，这就要求注重竞争优势的打造和区域竞争力的增强。

增强贵州自我发展能力，同样需要按照有关文件的部署，在基础设施进一步增强、教育和科技实力进一步提高、生态环境质量进一步改善的同时，重点是通过特色优势产业体系的打造来增强自身造血机能。

二 评价体系构建的基本思路与方法

综合前文对已有文献的介绍，影响区域增长的基本因素包括自然资源、劳动力、资本积累、科技创新、人力资本和制度环境；发展经济学在这些基本因素的基础上意识到基础设施、工业化和资本投入的重要作用。以NEG为代表的区域经济学新发展强调产业集聚在区域发展中的作用，产业集聚具有自我增强的特点，影响产业集聚主要因素较多：历史偶然因素、产业关联效应、要素禀赋、运输成本、收益递增和知识溢出、市场需求、产品差异性、贸易成本等都会对产业集聚产生影响；NEG与内生增长理论一脉相承，强调不完全竞争和规模报酬递增，注重固定资产投资对科技和人力资本的重要影响；波特关于竞争力的分析则特别强调多因素有机结合形成竞争力体系。

本书基于贵州所处的发展阶段，并结合西部大开发实践经验和新时期形势与任务的宏观背景，拟重点从以下几个方面着手进行贵州自我发展能力的量化评价：

第一，重视市场经济条件下产业体系的支撑作用。贵州的发展前提是经济快速增长，经济增长要有产业实现，贵州当前产业发展最大的问题是工业发展严重滞后，由此导致国民经济其他产业难以快速壮大和升级改造。在开放的市场经济条件下，要保持经济体的长期、持续发展，必须要形成富有竞争力的产业体系。一方面需要在区域内形成相关产业的集聚；另一方面需要本地企业具备自生能力。立足于本地比较优势、在市场竞争中能够获取较高回报的产业体系和较多数量的企业，是区域持续发展的根源。对于西部地区，大力发展特色优势产业是增强自我发展能力的主要途径，贵州尤其如此，这也是中央文件反复强调西部要发展特色优势产业增强自我发展能力原因之所在。

第二，立足自身实际情况。贵州和西部其他地区目前所处的阶段总体较为初级，不同发展阶段的发展侧重点理应有所不同，广大西部地区的基础设施建设、固定资产投资、产业体系建设、发展速度等具体情况和东部发达地区差别较大，但这些方面在目前又是西部自我发展能力的重要支撑。贵州当前的比较优势主要是自然资源相对丰富且组合较好，发挥比较优势就必须科学开发自然资源并使之转化为经济优势。

第三，重视长期发展支撑能力。相关经济理论和经验研究表明：制度和人力资本是保持经济体长期可持续发展不可或缺的支撑条件。自然资源对经济体的长期发展既不充分也不必要，但在起步阶段能够为当地发展创造一定的比较优势。新制度经济学相关理论、新兴工业经济体（NIEs）的发展实践、我国改革开放 30 余年来的成功经验和东部地区的发展历程表明，制度和政策体制是决定经济发展状况的最重要因素。诚如 E. 赫尔普曼①（2007）所言："与研发投入或物质及人力资本积累相比，制度是决定经济增长的更基本因素。"

第四，重视市场和政府两种力量。我国在未来一段时期内仍将处于体制转轨时期，市场经济体制在资源配置中的基础性作用将不断增强，这是

---

① E. 赫尔普曼：《经济增长的秘密》，王世华、吴筱译，中国人民大学出版社 2007 年版。

不可逆转的发展趋势。但是，作为经济社会欠发达的广大西部地区，一方面仍需要中央政府和发达地区的大力支持，另一方面市场经济体制建设相对滞后，所以政府“有形之手”的作用仍不可低估和偏废。在市场经济体制目标已经明确和全球经济一体化趋势不断增强的历史背景下，经济发展更主要的仍是发挥市场机制作用。

三　指标选择原则与指标体系设置

（一）指标选择原则

综合评价指标体系设定过程中对相关指标的选择需要遵循客观性、综合性、可行性等原则。

第一，客观性原则。本书所采用的相关指标的数据资料绝大多数通过查阅统计部门公开的相关统计年鉴获得[①]，少数指标来源于相关领域权威机构或学者公开发表的学术著作[②]。力求做到数据的权威、可靠。

第二，可行性原则。本书在构造评价指标体系时既考虑研究的需要，又要考虑数据资料的可获得性，除极少数指标外，绝大多数指标均采用在公开出版物中较易获取的指标。即便如此，有时仍需做出妥协——考察年份数据资料缺乏时采用较近年份数据；部分指标采用替代指标（proxy variable）。

第三，综合性和系统性原则。区域自我发展能力指标体系的设计必须从系统整体出发，使各个指标能够作为一个有机整体，全面、科学、准确地描述区域自我发展能力的内涵和特征。

第四，突出重点原则。自我发展能力涉及经济社会诸多方面，本书在相关理论指导下选择笔者认为重要的指标既考虑全面性，又考虑重点突出。特别是花费大量精力和篇幅考察特色优势产业体系塑造的成就与问题。

（二）指标体系设置及说明

区域自我发展能力需要多方面、多角度综合评价，对自我发展能力的衡量涉及众多指标，依据上节所述的基本思路，此处将这些指标按照所要反映的侧重点进行指标体系设置。先设置一级大类综合性指标，再设置二、三级过程性指标体现一级指标的内容。

---

① 或者在统计年鉴基础数据资料的基础上经过计算得到，如各地宏观税负。

② 如各地区的市场化指数。

第一类：经济社会实力指标

经济社会发展基础构成了各地实力的主要方面，既是各区域以往发展能力的体现也是今后发展的重要基础。本书主要利用各地自西部大开发战略实施以来（1999—2009 年）人均 GDP 增速（A1）、人均一般预算收入增速（A2）、城镇居民人均可支配收入增速（A3）、农村居民人均纯收入增速（A4）四个二级指标体现。

第二类：发展支撑能力指标

本部分指标主要反映各地支撑经济持久发展的基本要素水平，共设置 6 个二级指标（B1—B6）。

西部地区总体上经济社会发展滞后，仍处于迈克尔·波特教授所划分的生产要素导向（factor - driven）阶段[①]，自然资源禀赋对各地经济社会发展仍起着重要作用。西部总体上自然资源丰富，但资源价值既要考虑资源储藏总量，也要考虑人均拥有量。于术桐等学者（2008）[②] 将各地基础资源具体划分为水资源、森林资源、能源资源、矿产资源、耕地资源和气候资源，分别计算各地区各种资源人均拥有量相对于全国人均拥有量的比值，再进行线性加权，得到各地基本资源优势度综合指数（B1），本文以此体现各地自然资源禀赋对长期发展的支撑能力。

作为"社会先行资本"，交通、水利、能源、信息化、城市公用事业等基础设施是经济社会发展的重要基础，本文以交通和城镇化水平反映各地基础设施支撑能力。由于西部地区很多公路等级较低，用一般意义上的公路里程代表交通基础设施水平价值并不大，本文统一采用每万人等级公路里程（B2）和每万人铁路里程（B3）代表交通基础设施水平，用城镇化率（B4）反映城镇化水平。以此两个指标代表基础设施的支撑能力。

金融是经济社会发展的重要支撑，本文用各地年末各项贷款占 GDP 的比重（B5）和每百万人所拥有的上市公司数量（B6）代表各地金融深化程度。

第三类：产业体系竞争力指标

经济发展能力归根结底依赖于富有竞争力的现代产业体系打造，发展

① ［美］波特：《国家竞争优势》，李明轩、邱如美译，华夏出版社 2002 年版。

② 于术桐等：《中国各省区资源优势与经济优势比较研究》，《长江流域资源与环境》2008 年第 2 期。

特色优势产业是增强西部地区发展内生动力的主要途径。本书认为，特色优势产业首先要有特色，也就是要具有比较优势；其次是要有优势，也就是要具备竞争优势。工业化在经济发展中起着基础性作用，持续的快速工业增长通常会显著地减少贫困；反过来，在工业化陷于停滞的情况下，减少贫困则异常艰难。更重要的是，从发展中国家输出的工业制造品，通常是劳动密集型产品，这种产品对社会经济平衡具有潜在的影响。因为随着劳动密集型制造业的发展而带来的是就业机会。在那些制造业迅猛发展的国家和地区，就业机会的增长是非常可观的。

我们利用 6 个二级指标（C1—C6）重点测评西部地区特色优势工业体系的规模和效益：工业增加值在 GDP 中所占比重（C1）反映工业发展基本成就；人均工业增加值（C2）反映工业发展基本规模；在识别各地特色优势产业[①]的基础上，用四大优势产业占工业增加值比例（C3）和特色优势产业就业比重（C4）反映特色优势产业在当地的地位；以特色优势产业工业增加值增速（C5）和特色优势产业总资产贡献率（C6）反映特色优势产业的发展效率和经营效益。

第四类：长期发展潜力指标

无论是国家层面还是区域层面的经济增长因素分析，都无法忽视人力资本、物质资本和科技进步的重要作用。结合经济增长理论和竞争力有关观点，本书从人力资本、物质资本和科技创新三个方面对区域发展潜力进行衡量，共设置四个二级指标加以体现。

本书通过计算各地劳动（力）人口人均受教育年限（D1）反映各地人力资本积累水平。

对于物质资本，考虑到所有资本存量在经济社会发展中均能发挥作用，因而不能仅以当年投资水平这一流量指标进行反映。自邹至庄先生（Chow，1993[②]；邹至庄，1995[③]）的开创性工作以来，Young（2000[④]）、

---

① 虽然有一些关于西部特色优势产业选择的研究成果，如高全成、王恩胡《西部地区特色优势产业发展状况综述》，《西安财经学院学报》2008 年第 5 期，本书尊重各地的实际选择，以各地“十二五”规划纲要所确定的主导产业作为特色优势产业选择结果。

② Chow，Gregory C.，Capital Formation and Economic Growth in China，*Quarterly Journal of Economics*，Vol. 108，Issue 3：809 – 842.

③ 邹至庄：《中国的资本形成与经济增长》，《数量经济技术经济研究》1995 年第 3 期。

④ Young，A.，Gold into Base Metals：Productivity Growth in the People's Republic of China during the Reform Period，NBRE working paper，2000，No. 7856.

黄勇峰等（2002[①]）、张军等（2003[②]）、单豪杰（2008[③]）、谢群等（2011[④]）等学者进行了细致、认真的估算工作。其方法总体上采用永续盘存法。本书采用谢群、潘玉君的估算结果，以各地人均固定资本存量（D2）反映。

在科技创新方面，通过创新投入和创新产出两个方面进行综合考虑。以人均 R&D 投入（D3）反映科技创新投入；以每百万人发明专利授权数（D4）反映创新产出。

第五类：发展可持续性能力指标

主要从当地经济、资源和环境约束来反映各地发展所面临的约束。

西部大开发战略实施以来，中央政府通过财政转移支付向西部投入大量资金进行开发建设，成效显著。但是，西部的发展不能永远依靠外部"输血"，必须立足于增强自我发展能力提高自我"造血机能"。为此，我们通过财政自给率（E1）和各地宏观税负水平（E2）衡量各地经济发展的可持续性：财政自给率越高表明自我发展能力和发展可持续性越强；适度的宏观税负水平是经济健康可持续发展的保证。

资源、环境领域的可持续性主要反映各地节能减排情况。以单位 GDP 能耗（E3）体现经济发展节能水平；工业废水排放达标率（E4）和工业固体废物综合利用率（E5）体现减排情况和污染物治理情况。

第六类：制度保障能力

主要反映各地市场化体制进程和政府部门公共服务水平，共设置 6 个二级指标（F1—F6）。

市场化指数（F1）。利用樊纲等学者 2001 年以来对各地市场化进程的评价结果，反映各地市场经济体制的相对完善程度[⑤]。这不仅是对各

---

① 黄勇峰、任若恩等：《中国制造业资本存量永续盘存法估计》，《经济学》（季刊）2002 年第 2 期。

② 张军、章元：《对中国资本存量 K 的再估计》，《经济研究》2003 年第 7 期。

③ 单豪杰：《中国资本存量 K 的再估算：1952—2006 年》，《数量经济技术经济研究》2008 年第 10 期。

④ 谢群、潘玉君：《中国内地各省区 1952—2009 年实物资本存量估算》，《当代经济》2011 年第 1 期。

⑤ 樊纲等学者从"政府与市场的关系"、"非国有经济的发展"、"产品市场的发育"、"要素市场的发育"以及"市场中介组织和法律制度环境"五个方面，运用主成分分析方法衡量各地的市场化相对进程。目前能够查到 1998—2007 年数据，2008 年、2009 年数据有本书笔者根据前十年数据进行趋势外推。

地过去30多年来改革开放进程的衡量，更主要的是反映了各地的经营环境。

非国有经济在工业中所占比重（F2）。利用工业净资产中非国有经济成分比重反映迈克尔·波特“钻石体系”中产业组织状况。在我国当前阶段，存在着严重的行业行政垄断和区域市场分割，这是对竞争的限制。我国行政垄断和区域市场分割的产生有很多原因，但和国有经济成分的存在、政企不分等因素有重要关系。国有经济成分的大量存在势必制约市场竞争的开展，区域市场分割通常也都是为了保护本地国有经济成分。所以，总体上可以采用非国有经济成分所占比重作为市场竞争程度的替代指标。

对外开放对区域经济发展的影响有目共睹。1987—2007年全国外贸对GDP的贡献逐年增加，2007年进出口的总贡献达到42%（4.5个百分点）（李善同，2011）①。各地区收入差距在很大程度上也和对外开放程度不同有关（鲁晓东，2007）②。除了一般性贸易，外商直接投资（FDI）对于区域长期发展的积极作用也非常显著。FDI的作用体现在：第一，最直接的影响就是增加东道国的资本存量、提高本地投资质量以及创造就业机会；第二，FDI的大量进入可以通过技术的外溢提高东道国整体技术水平和组织效率，有利于东道国国民经济走上内生化增长的道路③（沈坤荣等，2001）。这里用固定资产投资中外商直接投资（FDI）所占比重（F3）和外贸依存度（F4）两个指标反映各地的对外开放程度。

在制度保障能力中，各地的公共服务水平也是重要的组成部分。本书以各地每万人拥有病床数（F5）和一般预算支出中人均教育经费支出（F6）来反映公共服务水平。

四　评价指标体系

综合前述，本书对贵州和西部自我发展能力评价的指标包括经济社会实力、发展支撑能力、产业体系竞争力、长期发展潜力、发展可持续性、制度保障能力六个方面共31个指标。指标体系结构如表3－1所示：

---

①　李善同等：《2030年的中国经济》，经济科学出版社2011年版。

②　鲁晓东：《我国对外开放与收入差距：基于地区和行业的考察》，《世界经济研究》2007年第8期。

③　沈坤荣、耿强：《外国直接投资、技术外溢与内生经济增长：中国数据的计量检验与实证分析》，《中国社会科学》2001年第5期。

表 3－1　　区域自我发展能力评价指标体系

一级指标	二级指标	三级指标	备注
经济社会实力	经济发展	人均 GDP 增速（%）（A1）	1999—2009 年
		人均一般预算收入增速（%）（A2）	按当年价格计算
	居民收入	城镇居民人均可支配收入增速（%）（A3）	
		农村居民人均纯收入增速（%）（A4）	
发展支撑能力	自然资源禀赋	人均基础资源相对优势（B1）	
	基础设施水平	等级公路里程（公里/万人）（B2）	
		铁路里程（公里/万人）（B3）	
		城镇化率（%）（B4）	常住人口口径
	金融深化	年末贷款余额/GDP（%）（B5）	
		每百万人所拥有的上市公司数量（B6）	
产业体系竞争力	工业化水平	工业增加值/GDP（%）（C1）	
		人均工业增加值（元/人）（C2）	
	特色产业体系	四大优势产业占工业增加值比例（%）（C3）	
		特色优势产业就业比重（%）（C4）	
	特色产业发展优势	特色优势产业工业增加值增速（%）（C5）	
		特色优势产业总资产贡献率（%）（C6）	
长期发展潜力	人力资本	劳动人口人均受教育年限（年）（D1）	笔者计算
	物质资本基础	人均固定资本存量（元/人）（D2）	笔者计算，不变价
	科技创新	人均 R&D 投入（元/人）（D3）	
		发明专利授权数（项/千万人）（D4）	
发展可持续性能力	经济	财政自给率（%）（E1）	
		宏观税负水平（%）（E2）	税收收入/GDP（逆指标）
	资源	单位 GDP 能耗（吨标准煤/万元）（E3）	逆指标
	环境	工业废水排放达标率（%）（E4）	工业废水排放总量/工业废水排放达标量
		工业固体废物综合利用率（%）（E5）	综合处理量/排放总量

续表

一级指标	二级指标	三级指标	备注
制度保障能力	市场化水平	市场化指数（F1）	
		非国有经济在工业中所占比重（%）（F2）	
		利用外资占本年资金来源比例（%）（F3）	
		外贸依存度（%）（F4）	
	公共服务	每万人病床数（张/万人）（F5）	
		人均教育经费支出（元/人）（F6）	一般预算支出

本书对贵州和西部其他地区自我发展能力的评价总体采用两种方法：

第一种方法，单指标分析。结合数据介绍，我们从各个方面通过纵向和横向对比，利用各单项指标对贵州1998—2009年间发展情况和自我发展能力进行基本分析。这一方法的优点是直观、简单、容易理解；缺点是难以全面反映，不同角度的分析会得出不同结果。

第二种方法，主成分分析（Principal Component Analysis）。我们主要运用多元统计分析，利用31个指标合成西部12个省（自治区、直辖市）各自的“自我发展能力指数”，通过与西部其他地区的对比，了解贵州自我发展能力综合状况。这一方法的缺点在于操作起来较为麻烦，一些中间结果难以进行通俗介绍，但优点是显而易见的：可以全面、客观地反映分析结果，能够在很大程度上避免单项指标分析的片面性。本书主要采用主成分分析法。

区域自我发展能力评价主要是衡量各地如何能够长期发挥本地比较优势、吸引和运用域外资源，通过一系列要素组合促进本地可持续发展的能力。从早期提出“土地是财富之母、劳动是财富之父”的古典经济学到当前日益复杂的多因素经济增长理论和模型，对经济增长因素的考察逐步深入、分析的视角更趋多元。世界各国存在不同的特点，国内各地的禀赋和基础也差异明显，所以单一指标虽然能够从某一方面进行反映，却难以全面反映其综合能力。

采用多因素分析，就必然涉及各指标权重设定问题。确定权重的方法有许多种，总体上可分为主观赋权法和客观赋权法两类。主观赋权法主要是由专家根据各自经验进行主观判断并进行综合处理而得，主要有层次分析法、德尔菲（Delphi）法、模糊综合评判法等。这类方法使用时间较长，应用较为广泛，但客观性相对较差，主要是基于主观因素判断。客观赋权法是采用数理统计和多元统计方法对相关数据资料进行处理，主要有主成分分析法、最大离差法、熵值赋权法等。在很大程度上可以避免人为因素影响，利用客观数据资料进行赋权，工作量相对较小。缺点是难以考虑指标本身的相对重要程度。在客观赋权法中，主成分分析法应用较广，这主要是因为其具有以下突出优点：一是剔除相关关系较强多个指标之间的相关影响，使统计处理结果更为精确。二是通过降维处理简化了原始指标体系，并能尽可能多地保留原始指标的统计特性和信息量。三是在统计处理过程中各个主成分的权重易于确定，减少了工作量，同时权重的确定由计算过程中自动确定避免了人为干预，能够更客观地反映指标之间的现实关系。四是现有统计软件大多支持该方法应用，处理起来较为便捷。

本书所采用的自我发展能力指数主要着眼于考察贵州在西部 12 省区市中所处的位置，并不表示自我发展能力的绝对高低，而是表示西部大开发战略实施以来各地自我发展能力的相对水平和各省份相比的相对位置，是一个相对指数。

第二节　贵州自我发展能力的定量评价与分析

按照本书设置的评价指标体系，本节将分别采用单指标法与主成分法对贵州自我发展能力进行定量测评分析。由于本书设定的区域自我发展能力指数是个相对值，故将着重考察贵州在西部 12 省区市中所处的位置。

一　单指标法分级指标测评分析

为了更加直观地了解分级单项指标，以下通过纵向和横向对比分析贵州 1998—2009 年间各项发展情况及其在西部的相对位置。

（一）经济社会实力

已有的成就既是对前一阶段发展能力的展示，也是下一阶段形成自我发展能力的基础。

1. 经济发展

西部大开发以来的10年（1999—2009年）是西部地区快速发展的10年，除云南、新疆以外，这一时期西部其他地区的年均增速均超过全国平均水平，如表3－2、表3－3所示。

表3－2　　1998—2009年西部人均GDP指数（1978年＝100）

年份	内蒙古	广西	重庆	四川	贵州	云南	西藏	陕西	甘肃	青海	宁夏	新疆	全国
1998	548	431	573	491	420	492	410	480	411	321	366	518	501
1999	592	462	618	542	451	522	453	526	444	342	394	552	535
2000	652	494	673	586	482	554	491	576	483	368	427	586	576
2001	719	530	737	634	518	585	546	629	527	406	462	627	619
2002	813	582	817	695	559	631	608	696	575	450	502	668	670
2003	958	637	915	771	609	679	672	774	639	498	557	738	733
2004	1156	708	1030	867	673	749	745	870	714	554	611	810	802
2005	1430	795	1150	967	753	809	824	985	794	616	668	881	888
2006	1699	893	1288	1136	844	898	922	1117	880	692	743	958	995
2007	2017	1016	1485	1307	963	1003	1037	1289	984	779	827	1053	1130
2008	2366	1135	1688	1454	1067	1106	1130	1495	1080	879	918	1147	1232
2009	2757	1281	1926	1657	1184	1232	1257	1694	1186	963	1012	1221	1339
1999—2009年均增速（%）	16.63	10.75	12.04	11.83	10.14	8.97	10.75	12.42	10.32	10.90	9.89	8.26	9.61

资料来源：全国和西部各地历年统计年鉴。

但西部各地发展速度的差距也较为明显：内蒙古以16.63%的年均增速位居西部之首，新疆的年均增速则仅及内蒙古的一半；贵州的年均增速比全国略高0.53个百分点，增速在西部位居第九，属发展相对较慢省份。

表 3－3　　2009 年西部人均 GDP 比较

地区	人均 GDP（元）	各地指数（全国＝100）
全国	25575	100.00
西部①	18234	71.30
内蒙古	40282	157.51
广西	16045	62.74
重庆	22920	89.62
四川	17339	67.80
贵州	10309	40.31
云南	13539	52.94
西藏	15295	59.80
陕西	21688	84.80
甘肃	12872	50.33
青海	19454	76.07
宁夏	21777	85.15
新疆	19942	77.97

资料来源：全国和西部各地历年统计年鉴。

从发展绝对水平看，2009 年西部各地人均 GDP 除内蒙古外均低于全国平均水平；贵州人均水平仅及全国的 40.31%、西部的 56.54%。

除了 GDP 规模，财政收入水平也是各地财力的重要体现。与全国总体情况类似，西部各地 1999—2009 年间财政收入增速很快，其中最快的重庆达到 27% 的年均增速，贵州以 19.3% 位居第八，与 GDP 增速排序基本一致，如表 3－4 所示。

从人均财政总收入水平来看，与 GDP 排序不同，贵州人均财政收入绝对水平和增长速度在西部位居第七，如表 3－5 所示。

① 人口按年末总人口计算。

表 3－4　　1998—2009 年西部各地财政总收入　　单位：亿元，%

年份	内蒙古	广西	重庆	四川	贵州	云南	西藏	陕西	甘肃	青海	宁夏	新疆	全国
1998	131	120	134	197	136	168	46	157	97	46	18	65	9876
1999	144	134	140	212	134	173	63	173	103	67	19	71	11444
2000	156	147	163	234	153	181	70	187	108	81	21	79	13395
2001	168	179	196	271	177	191	102	226	124	128	28	95	16386
2002	207	187	269	292	203	207	140	252	150	142	26	116	18904
2003	258	204	341	337	237	229	139	327	177	143	30	128	21715
2004	365	238	463	386	296	263	148	415	216	166	37	156	26396
2005	536	283	581	480	356	313	206	529	255	219	48	180	31649
2006	713	343	742	608	449	380	223	697	295	267	61	219	38760
2007	1018	704	1057	850	557	487	310	893	392	341	80	286	51322
2008	650	844	1290	1042	675	614	386	1104	471	447	95	361	61330
2009	1378	967	1535	1175	780	698	502	1391	604	597	112	389	68518
1999—2009 年均增速	25.4	21.9	27.0	18.7	19.3	15.0	23.1	23.2	19.4	24.5	19.5	18.5	19.6

资料来源：全国和西部各地历年统计年鉴。

表 3－5　　1998—2009 年西部人均财政总收入　　单位：元，%

年份	内蒙古	广西	重庆	四川	贵州	云南	西藏	陕西	甘肃	青海	宁夏	新疆	西部	全国
1998	560	256	466	237	373	406	1828	436	387	910	331	374	374	792
1999	608	283	490	253	361	412	2455	478	405	1309	347	402	404	910
2000	656	310	573	278	407	426	2691	513	424	1574	376	428	442	1057
2001	705	373	693	321	466	446	3873	618	482	2454	490	507	524	1284
2002	869	387	957	344	529	477	5241	687	580	2680	463	611	605	1472
2003	1084	419	1217	395	612	523	5137	886	681	2670	518	663	700	1680
2004	1530	486	1656	449	759	597	5406	1121	824	3089	638	793	859	2031
2005	2247	607	2077	584	955	702	7432	1422	981	4024	800	897	1108	2420
2006	2980	726	2643	744	1195	848	7932	1866	1132	4874	1016	1071	1382	2949
2007	4233	1476	3755	1046	1480	1078	10914	2383	1497	6184	1311	1364	1922	3884
2008	2691	1752	4544	1280	1778	1351	13461	2936	1792	8057	1538	1694	2184	4618
2009	5688	1991	5370	1435	2053	1528	17303	3688	2292	10720	1785	1801	2757	5134
年均增速	25.06	21.52	27.04	18.95	19.00	14.00	21.57	22.67	18.92	23.41	17.80	16.19	21.18	18.89

资料来源：全国和西部各地历年统计年鉴。

2. 居民收入

发展经济的最终目的是改善人民生活。西部大开发以来，西部各地城乡居民收入水平较快增长，但区域内增速悬殊很大，如表 3－6 所示。

表 3－6 1998—2009 年西部农（牧）民人均收入指数（1978 年＝100）

年份	内蒙古	广西	重庆	四川	贵州	云南	西藏	陕西	甘肃	青海	宁夏	新疆	全国
1998	379	446	1199	1410	287	320	662	237	1380	245	1515	1345	456
1999	404	463	1222	1452	300	334	719	253	1400	263	1545	1238	474
2000	409	422	1260	1500	311	347	761	261	1416	264	1488	1359	483
2001	393	440	1313	1566	322	362	802	264	1495	280	1573	1437	504
2002	412	455	1397	1662	336	379	869	277	1576	305	1654	1565	528
2003	437	474	1475	1758	353	398	966	283	1658	314	1763	1768	551
2004	474	521	1672	2034	373	422	1064	300	1835	326	2002	1885	588
2005	526	564	1871	2209	392	449	1188	321	1962	344	2165	2084	625
2006	579	627	1914	2366	411	483	1393	347	2114	368	2381	2300	671
2007	655	729	2337	2794	459	532	1595	381	2308	383	2745	2675	734
2008	726	845	2748	3247	499	580	1816	422	2699	389	3176	2944	793
2009	771	943	3237	3737	562	657	2129	503	2870	449	3669	3521	861
1999—2009 年均增速（%）	6.69	7.37	10.23	9.91	6.48	7.00	11.47	7.13	7.44	5.48	9.03	11.02	6.16

资料来源：全国和西部各地历年统计年鉴。

1999—2009 年，西部农村（牧区）居民收入增长速度普遍高于全国平均水平，其中西藏、新疆和重庆增速更为迅速。在此期间，贵州农村居民人均纯收入以 6.48% 的年均增速在西部位列第十一位，仅高于青海。这反映了贵州“三农”问题依然困难较多的现状。贵州农村人多地少、土地零碎、农田水利基础设施薄弱，只有跳出农村、跳出农业解决“三农”才是治本之道。

从城镇居民人均纯收入来看，西部各地增速总体略高于全国平均水平，但各地差异依然较大。宁夏、重庆等省份城镇居民收入水平快速增长，云南、贵州则增长乏力。贵州增速略高于云南，处在倒数第二的位置，7.69%的增速和全国平均水平相比低1.83个百分点，差距在持续扩大，如表3－7所示。

表3－7　1998—2009年西部城镇居民人均收入指数（1978年＝100）

年份	内蒙古	广西	重庆	四川	贵州	云南	西藏	陕西	甘肃	青海	宁夏	新疆	全国
1998	335	5412	1535	1517	348	392	962	274	984	622	1188	1408	330
1999	366	5620	1644	1621	380	406	1062	311	1098	690	1292	1498	361
2000	386	5834	1742	1744	399	426	1141	341	1206	759	1419	1589	384
2001	412	6666	1854	1882	415	466	1260	365	1321	859	1602	1750	416
2002	447	7315	2042	1956	455	500	1373	429	1509	951	1753	1979	472
2003	510	7785	2283	2083	498	521	1425	457	1634	1043	1887	2116	515
2004	576	8177	2601	2281	537	570	1451	489	1810	1137	2087	2266	554
2005	632	8917	2889	2481	594	586	1489	535	1984	1146	2339	2413	607
2006	708	9899	3263	2766	654	625	1583	587	2189	1280	2634	2679	671
2007	812	12200	3869	3283	723	673	1970	649	2457	1461	3138	3115	753
2008	898	14146	4431	3738	744	736	2209	730	2692	1664	3736	3452	816
2009	988	15165	4954	4175	796	796	2443	811	2976	1818	4088	3843	895
1999—2009年均增速（%）	10.46	10.44	11.66	9.92	7.69	6.97	8.69	10.07	10.48	10.17	12.20	9.88	9.52

资料来源：全国和西部各地历年统计年鉴。

（二）发展支撑能力

不同发展阶段，支撑经济社会发展的主要因素会存在差别。本书参照波特对发展阶段的划分，认为西部目前对自然资源依赖程度仍然较高，但应考虑到基础设施建设和金融条件的支撑作用。

1. 自然资源禀赋

贵州显然还处于波特所划分的生产要素导向（factor－driven）阶段（波特，2002年中译本①），自然资源禀赋对贵州经济社会发展仍起着重

① ［美］波特：《国家竞争优势》，李明轩、邱如美译，华夏出版社2002年版。

要作用。贵州煤炭、磷、铝等矿产资源和水能储量丰沛，生物资源种类繁多，虽然存在“资源诅咒”的可能，但对于处在工业化初期的贵州来说总体来看利大于弊，如表 3－8 所示。

表 3－8　　　　西部各地自然资源相对丰度

区域	人均矿产资源价值（万元，2005 年价）	人均资源优势度①	基本资源优势度综合指数②
内蒙古	6028	73.1	0.790
广西	860	77.1	0.573
重庆	761	NA	0.362
四川	571	66.1	0.709
贵州	1996	68.7	0.639
云南	1248	80.1	0.850
西藏	22	65.1	0.554
陕西	3831	62.0	0.613
甘肃	988	92.5	0.572
青海	4738	105.9	0.489
宁夏	2352	66.1	0.356
新疆	4097	68.7	0.692

综合来看，在西部 12 省（区、市）中贵州的人均资源优势处于中等水平③，既不很好也不很差。

2. 基础设施

通常意义上的基础设施包括交通运输、通信、能源、城市公用事业，基础设施对经济社会发展的作用不容忽视④，如表 3－9 所示。

---

① 白雪梅等：《地区基本资源优势度的综合比较研究》，《财经问题研究》1998 年第 9 期。

② 于术桐等：《中国各省区资源优势与经济优势比较研究》，《长江流域资源与环境》2008 年版。在书中作者将基础资源划分为水资源、森林资源、能源资源、矿产资源、耕地资源和气候资源。

③ 这和贵州大多数干部群众的通常认识不同，原因在于大多数人只看到贵州煤炭、磷矿、铝土矿等资源在西部的优势，而没有看到贵州在石油、天然气等资源方面的劣势。

④ 世界银行：《1994 年世界发展报告为发展提供基础设施》，中国财政经济出版社 1994 年版；张军等：《中国为什么拥有了良好的基础设施》，《经济研究》2007 年第 3 期。

表3-9　　2009年西部基础设施概况

区域	等级公路（公里）	铁路（公里）	万人均等级公路（公里/万人）	万人均铁路（公里/万人）
内蒙古	122231	8074.2	50.47	3.33
广西	77154	3126.0	15.89	0.64
重庆	70425	1317.7	24.63	0.46
四川	183108	3257.9	22.37	0.40
贵州	68046	1982.7	17.92	0.52
云南	138150	2474.8	30.22	0.54
西藏	26063	525.5	89.87	1.81
陕西	128487	3319.5	34.06	0.88
甘肃	76631	2435.4	29.08	0.92
青海	39726	1676.9	71.32	3.01
宁夏	20297	890.0	32.48	1.42
新疆	91618	3673.4	42.44	1.70
西部	1041936	32754	28.37	0.89
全国	3056265	85517.9	22.90	0.64

资料来源：《中国统计年鉴》（2010）、西部各地统计年鉴。

西部大开发战略的实施为贵州和整个西部基础设施建设带来了翻天覆地的变化；相对来看，贵州以交通为代表的基础设施水平仍低于西部和全国平均水平。

城镇化是现代化的重要体现，城镇化水平也是产业集聚反映。城镇化发展有其基本规律：产业支撑和城镇基础设施建设是城镇化发展的基础。2000—2009年，贵州城镇化水平与西部平均相比差距在逐步拉大，从4.87个百分点扩大到9.54个百分点，如表3-10所示。

表3-10　　2000—2009年西部城镇化进展

区域	2000年			2009年		
	年末人口（万人）	城镇（万人）	城镇化率（%）	年末人口（万人）	城镇（万人）	城镇化率（%）
全国	126583	45844	36.22	133474	62186	46.59
西部	35531	10208	28.73	36729	14480	39.42

续表

区域	2000 年			2009 年		
	年末人口（万人）	城镇（万人）	城镇化率（%）	年末人口（万人）	城镇（万人）	城镇化率（%）
内蒙古	2376	1014	42.68	2422	1293	53.39
广西	4489	1264	28.16	4856	1904	39.21
重庆	3090	1023	33.11	2859	1475	51.59
四川	8329	2223	26.69	8185	3168	38.70
贵州	3525	841	23.86	3798	1135	29.88
云南	4288	1002	23.37	4571	1554	34.00
西藏	262	50	19.08	290	69	23.79
陕西	3605	1163	32.26	3772	1641	43.50
甘肃	2562	615	24.00	2635	860	32.64
青海	518	180	34.75	557	233	41.83
宁夏	562	182	32.38	625	288	46.08
新疆	1925	651	33.82	2159	860	39.83

资料来源：《中国统计年鉴》（2001、2010）、西部各地统计年鉴。

3. 金融深化

本书以年末贷款余额与 GDP 之比代表间接融资规模，以每百万人所拥有的上市公司数量代表直接融资规模，如表 3－11 所示。

表 3－11　　2009 年年末西部各地间接融资规模　　单位：%

年份	内蒙古	广西	重庆	四川	贵州	云南	西藏	陕西	甘肃	青海	宁夏	新疆	西部	全国
1998	104	79	94	91	90	94	86	128	129	127	127	119	100	103
1999	99	87	108	108	87	96	70	132	127	121	128	119	106	105
2000	87	78	117	103	94	99	68	122	111	132	130	103	102	100
2001	86	77	106	105	97	102	69	126	113	132	131	106	103	102
2002	85	77	113	109	98	105	75	131	119	130	139	112	106	109
2003	81	82	122	111	102	116	78	137	123	132	153	111	110	117
2004	74	80	121	102	101	110	76	121	113	133	142	100	102	111
2005	66	77	121	91	99	115	71	106	99	118	136	87	95	105
2006	65	76	127	91	93	120	70	99	93	113	135	79	93	104

续表

年份	内蒙古	广西	重庆	四川	贵州	云南	西藏	陕西	甘肃	青海	宁夏	新疆	西部	全国
2007	59	74	124	88	88	120	65	94	89	111	129	76	89	98
2008	53	72	124	89	91	116	55	88	86	107	117	68	87	97
2009	65	94	134	111	119	142	56	101	108	129	142	88	106	117

资料来源：全国和西部各地历年统计年鉴。

从间接融资来看，各地区的融资规模受全国总体形势影响，贵州总体上在西部处于中等水平。但就直接融资而言，贵州和西部、全国的差距在1998—2009年间持续拉大，目前的水平约相当于西部平均水平的二分之一和全国平均水平的三分之一。结合直接融资和间接融资，贵州的金融发展在西部大约处于中等偏下的水平。

表3-12　　2009年年末西部每百万人所拥有上市公司数量

年份	内蒙古	广西	重庆	四川	贵州	云南	西藏	陕西	甘肃	青海	宁夏	新疆	西部	全国
1998	0.09	0.00	0.00	0.64	0.38	0.00	0.00	0.00	0.00	0.00	1.49	0.00		0.68
1999	0.04	0.36	0.77	0.65	0.38	0.36	2.35	0.47	0.43	1.77	1.47	0.79	0.53	0.75
2000	0.80	0.40	0.88	0.73	0.27	0.42	2.69	0.60	0.59	1.55	1.80	1.03	0.63	0.86
2001	0.84	0.40	0.92	0.72	0.37	0.42	3.04	0.60	0.62	1.72	1.78	1.12	0.68	0.91
2002	0.84	0.44	0.92	0.73	0.34	0.42	3.00	0.65	0.69	1.70	1.75	1.21	0.69	0.95
2003	0.84	0.45	0.96	0.76	0.34	0.43	2.96	0.68	0.69	1.69	1.90	1.34	0.71	1.00
2004	0.88	0.45	1.04	0.76	0.44	0.50	2.92	0.73	0.73	1.67	1.87	1.38	0.76	1.06
2005	0.92	0.47	1.04	0.80	0.46	0.49	2.89	0.67	0.73	1.66	1.85	1.34	0.77	1.06
2006	0.84	0.47	1.03	0.82	0.45	0.54	2.85	0.64	0.73	1.64	1.82	1.41	0.77	1.09
2007	0.83	0.52	1.07	0.89	0.45	0.58	2.82	0.69	0.76	1.63	1.80	1.43	0.80	1.17
2008	0.83	0.52	1.06	0.98	0.45	0.59	2.79	0.77	0.80	1.62	1.78	1.50	0.82	1.22
2009	0.83	0.54	1.08	0.98	0.45	0.59	2.76	0.80	0.83	1.61	1.76	1.58	0.86	1.29

资料来源：全国和西部各地历年统计年鉴。

（三）特色优势产业体系竞争力

贵州经济发展落后、人民生活水平低，重要原因就在于工业不发达、产业缺乏竞争力，特色优势产业体系尚未构建。

1. 工业化水平

除了新西兰、加拿大、澳大利亚等极少数自然资源丰富、人口较少的经济体外，绝大多数经济体不经历工业的充分发展就难以实现现代化。我们首先分析贵州工业发展总体情况，可以用工业增加值占GDP的比重、人均工业增加值来反映各地工业发展水平，如表3－13所示。

表3－13　　西部地区工业增加值比重　　单位：%

年份	内蒙古	广西	重庆	四川	贵州	云南	西藏	陕西	甘肃	青海	宁夏	新疆	西部	全国
1998	30.29	29.37	35.85	31.0	29.21	38.53	9.89	34.30	35.06	28.2	31.91	26.97	32.51	40.31
1999	30.82	28.95	35.44	30.1	28.59	36.11	8.96	34.47	34.19	28.7	31.56	27.16	31.88	39.99
2000	31.46	29.44	35.40	29.4	29.01	35.00	8.63	34.92	31.11	29.9	32.78	30.70	31.88	40.35
2005	37.85	31.75	37.31	34.2	30.24	33.65	7.03	43.75	35.46	37.5	37.39	36.93	35.98	41.76
2009	46.23	36.91	44.68	40.1	32.02	33.85	7.50	42.77	36.00	43.5	38.45	36.38	39.69	39.67

资料来源：《中国统计年鉴》（历年）。

贵州人均GDP位居全国倒数第一，工业增加值比重位居西部倒数第二，仅高于西藏，和全国平均水平相比低7.65个百分点，和西部相比低7.67个百分点（如表3－13所示）。在贵州这样一个经济不发达、人多地少的地区，工业发展不充分将直接影响自我发展能力水平的提升。

表3－14　　西部地区人均工业增加值比较　　单位：元/人

年份	内蒙古	广西	重庆	四川	贵州	云南	西藏	陕西	甘肃	青海	宁夏	新疆	西部	全国
1998	1631	1201	2001	1294	749	1703	360	1391	1235	1241	1460	1708	1375	2727
1999	1800	1211	2061	1315	794	1637	372	1517	1286	1346	1537	1779	1416	2851
2000	2041	1289	2225	1373	875	1660	391	1729	1281	1559	1744	2264	1533	3159
2005	6193	2714	4624	3077	1896	2626	631	4437	2643	3754	3842	4783	3388	5906
2008	16073	5456	9183	6049	3151	4516	1034	8756	4523	7990	8008	8404	6715	9809
2009	18593	5898	10204	6937	3298	4568	1142	9282	4567	8439	8323	7208	7239	10134

资料来源：《中国统计年鉴》（历年）。

1998—2009年，贵州人均工业增加值从749元增加到3298元，从占全国平均水平的27.47%上升到32.54%，比重上升了5.07个百分点；但和西部平均水平相比却从54.47%下降到45.56%，下降了8.91个百分点。就全国层面而言，存在服务业（统计口径基本上与“第三产业”一致）发展不足的问题，近年来一直努力提高服务业比重。但西部地区所处的发展阶段需要大力发展工业，贵州的发展并未很好地遵循经济发展的一般要求。

2. 特色优势产业工业总产值增速

根据本书对贵州和西部其他地区工业总体和特色优势产业的分析、计算（详见附录），贵州与全国相比不仅绝对差距在扩大，而且相对差距也在扩大；和内蒙古、四川、广西、陕西等西部地区相比，贵州工业发展相对乏力的情况也较为明显（如表3-15所示）。

表3-15　西部各地特色优势产业工业总产值2005—2009年增速　单位:%

地区	工业总产值年均增速	四产业年均增速
全国	19.35	
贵州	17.21	19.12
内蒙古	35.05	29.92
广西	25.93	24.03
重庆	19.03	26.34
四川	28.53	27.34
云南	14.81	13.68
西藏	16.17	35.05
陕西	23.44	22.88
甘肃	15.28	9.72
青海	19.83	3.72
宁夏	19.37	15.45
新疆	13.37	6.52

资料来源：本书计算，详见附录。增速按可比价格计算。

2005—2009年间，贵州规模以上工业总产值年均增速达到17.21%，和全国同期相比低2.13个百分点，在西部仅高于西藏、云南和甘肃，不及内蒙古的一半。从我们所选择的特色优势产业看，贵州以年均19.12%位居第七。

3. 特色优势产业总资产贡献率

除了规模扩张，我们还应考虑工业和特色优势产业市场竞争力的其他方面[①]。考虑到数据的可获得性，我们仍以总资产贡献率来反映行业经营绩效和竞争力水平（如表3-16所示）。

表3-16　各地特色优势产业总资产贡献率比较

地区	行业	总资产贡献率（%）	全国该行业总资产贡献率（%）	全国=100
全国	总计	13.44	13.44	100.00
贵州	全部行业合计	10.69	13.44	79.54
	特色优势产业合计	14.00		
	电力、燃气及水的生产和供应业	5.06	6.04	83.77
	烟草加工业	82.07	70.64	116.18
	煤炭开采和洗选业	15.88	17.2	92.33
	饮料制造业	29.69	21.39	138.80
内蒙古	全部行业合计	15.25	13.44	113.47
	特色优势产业合计	15.34		
广西	全部行业合计	11.88	13.44	88.39
	特色优势产业合计	10.30		
重庆	全部行业合计	12.12	13.44	90.18
	特色优势产业合计	10.88		
四川	全部行业合计	12.72	13.44	94.64
	特色优势产业合计	17.97		
云南	全部行业合计	14.60	13.44	108.63
	特色优势产业合计	18.46		
西藏	全部行业合计	4.57	13.44	34.00
	特色优势产业合计	12.06		
陕西	全部行业合计	13.57	13.44	100.97
	特色优势产业合计	19.19		
甘肃	全部行业合计	10.38	13.44	77.23
	特色优势产业合计	12.61		

① 一定程度上说，规模扩张速度也是竞争力的一种反映。

续表

地区	行业	总资产贡献率（%）	全国该行业总资产贡献率（%）	全国＝100
青海	全部行业合计	8.53	13.44	63.47
	特色优势产业合计	6.57		
宁夏	全部行业合计	7.50	13.44	55.80
	特色优势产业合计	7.13		
新疆	全部行业合计	14.16	13.44	105.36
	特色优势产业合计	17.97		

资料来源：本书计算，详见附录。

从表3－16可以看出，西部特色优势产业在西部大开发战略实施以来均取得较快发展，但市场竞争力表现各异。贵州特色优势产业在获得较快发展的同时，总资产贡献率位居西部第六，属中等水平；各产业与全国同行业平均水平相比除烟草外其余三个行业绩效均低于全国同行业平均水平，优势并不明显。

2009年，贵州工业企业总资产贡献率为10.69%，和全国相比低2.75个百分点，相当于全国水平的79.54%。全部工业总资产贡献率在西部高于西藏、青海和宁夏，位居第九，和内蒙古、云南、新疆等地相比差距较大；特色优势产业总资产贡献率位居西部第六，属中等水平。特色优势产业中烟草行业绩效水平高于全国平均水平，但其余三个行业绩效均低于全国同行业平均水平。电力、烟草、煤炭和饮料四个行业可以作为贵州特色优势产业的代表；西部特色优势产业总体上主要是矿产资源开采和初加工、农副产品加工、特色装备制造等，符合中央对西部特色优势产业发展的指导意见。

（四）长期发展潜力

从经济增长理论可以发现，决定一个地区发展潜力的主要因素无外乎人力资本、物质资本、科技实力和制度因素。鉴于制度因素我们单独考虑，此处介绍贵州和西部其他地区西部大开发前后人力资本、物质资本和科技实力的变化。

1. 人力资本

人力资本理论（贝克尔，1990）和新内生增长理论将人力资本和劳动力进行区分，分析了报酬递增的源泉。兼顾数据可获得性，本书以就业人员人均受教育年限反映各地人力资本水平（如表 3 – 17 所示）。

表 3 – 17　　西部就业人员人均受教育年限　　单位：年

年份	内蒙古	广西	重庆	四川	贵州	云南	西藏	陕西	甘肃	青海	宁夏	新疆
1998	8. 28	7. 45	7. 30	7. 44	6. 53	6. 59	4. 39	7. 88	6. 95	6. 11	7. 49	8. 33
1999	8. 22	7. 40	7. 48	7. 28	6. 83	6. 59	4. 10	8. 08	7. 22	7. 04	7. 53	8. 84
2000	8. 21	7. 55	7. 6	7. 37	6. 63	6. 59	4. 12	8. 12	7. 23	7. 04	7. 53	8. 78
2001	8. 48	7. 55	7. 71	7. 87	7. 20	6. 87	4. 90	8. 39	7. 59	6. 94	8. 14	8. 71
2002	8. 64	7. 56	7. 90	7. 93	7. 39	6. 87	5. 16	8. 14	7. 49	7. 16	8. 24	9. 22
2003	8. 49	8. 29	8. 03	8. 04	7. 65	6. 71	4. 69	8. 78	7. 75	7. 65	8. 10	9. 13
2004	8. 88	8. 17	7. 74	8. 04	7. 66	7. 48	5. 20	9. 03	8. 04	7. 68	8. 54	9. 16
2005	9. 00	8. 41	7. 92	7. 45	7. 06	7. 04	4. 95	8. 68	7. 54	7. 65	8. 24	9. 00
2006	8. 70	8. 71	7. 91	7. 55	7. 08	7. 21	5. 02	8. 66	7. 22	7. 73	8. 25	8. 87
2007	8. 77	8. 33	8. 07	7. 79	7. 34	7. 20	5. 38	8. 76	7. 40	7. 83	8. 37	8. 95
2008	8. 81	8. 51	8. 12	7. 79	7. 57	7. 32	5. 36	8. 84	7. 61	7. 87	8. 66	9. 03
2009	8. 91	8. 58	8. 22	8. 04	7. 53	7. 40	5. 31	8. 84	7. 66	7. 97	8. 70	9. 09

资料来源：逯进（2011）；《中国人口和就业统计年鉴》（历年）。

1999 年以来，西部各地教育事业快速发展，劳动就业人员素质逐步改善。贵州教育事业相对滞后，1998—2009 年人均受教育年限总体维持在西部第十的较低水平，这对于实施跨越式发展极为不利，情况不容乐观。

2. 物质资本基础

理论上，自新古典理论以来直到当前的新内生增长理论，经济增长分析对资本积累高度重视；实践中，无论是发达国家、发达地区，还是落后国家和落后地区，对投资和资本形成促进经济发展的作用都给予充分肯定。

影响经济增长的资本包括所有正发挥作用的存量，所以本书对物质资本的衡量不采用统计年鉴中的当年投资，而采用有关学者根据历史数据对各地存量的估计。关于我国各地固定资本的估计自邹至庄（Chow，1993）[①] 的开创性研究以来已经取得了大量的研究成果。本书采用谢群等

① Chow, G. C. , Capital Formation and Economic Growth in China, *Q. J. E.* August, 1993, pp. 809 – 842.

(2011)[①] 的估算结果（如表 3－18 所示）。

表 3－18　　1998—2009 年西部各地人均固定资本存量（1952 年价）　　单位：千元

年份	内蒙古	广西	重庆	四川	贵州	云南	西藏	陕西	甘肃	青海	宁夏	新疆	全国
1998	5793	4645	5317	4459	3175	4697	6250	5923	4250	7841	10092	10755	8731
1999	6350	5107	6012	4990	3447	4904	6880	6465	4527	8770	10794	11684	9742
2000	6934	5582	6791	5603	3754	5129	7561	7118	4895	9856	11556	12415	10865
2001	7614	6085	7818	6276	4172	5345	8319	7837	5462	11279	12540	13489	12085
2002	8714	6666	9095	7056	4675	5681	9158	8657	5982	12968	13735	14793	13534
2003	10793	7347	10820	7971	5274	6141	10162	9754	6552	14865	15453	16345	15381
2004	13811	8265	12867	8982	5923	6743	11274	11007	7356	16895	17419	18106	17615
2005	18235	10021	15370	10707	7027	7631	12500	12618	8381	19175	19615	19999	20406
2006	23268	11603	18201	12238	7920	8916	13536	14650	9400	21358	21864	22227	23667
2007	29472	13717	21456	14114	8970	10431	14791	16915	10543	23778	24590	24397	27532
2008	36679	16137	25672	16215	10127	11755	16152	20041	12149	26397	27975	26507	32026
2009	46970	20276	29790	18737	11603	13752	17779	23902	13725	30149	33040	29091	37840
1999—2009 年均增速（%）	22. 15	14. 78	17. 36	14. 15	12. 90	10. 86	9. 96	13. 97	11. 73	13. 14	11. 84	9. 55	14. 77

资料来源：谢群等（2011）。

数据表明，贵州人均固定资本存量不到全国平均水平的三分之一，不足西部平均水平的二分之一，位居西部倒数第一和全国倒数第一。西部大开发以来人均资本存量年均增长速度也显著低于全国平均速度和西部平均速度。

在相当长的一段时期内，努力扩大固定资产投资规模、以投资促发展仍将是贵州的重要工作。

利用贵州 1978—2010 年相关数据进行计量经济学回归可以发现，每 1 个百分点的 GDP 增长大约需要 1. 5—1. 6 个百分点的固定资本投资增速

① 谢群等：《中国内地各省区 1952—2009 年实物资本存量估算》，《当代经济》2011 年第 1 期。

来支撑。波特对发展阶段的划分表明，在要素导向阶段之后将是投资导向阶段，投资对于区域经济发展的重要性不言而喻。贵州的发展导向不能脱离现实，要营造更好的投资环境吸引国内外客商到本地投资兴业。

3. 科技创新

新古典经济学对古典经济学的一大突破和马尔萨斯理论未能成为现实的原因就是意识到科技进步在经济发展过程中的重要作用。

对科技进步的衡量一直存在诸多困难，通常的做法是统计科技创新投入和产出。对投入的衡量可以采用 R&D 的资金和人力投入，对产出衡量的简便方法就是统计专利，特别是发明专利数量。本书综合考虑投入和产出两个方面。

从人均 R&D 投入情况来看，贵州 2009 年以人均 70 元位居西部倒数第二，仅高于西藏，不及全国的五分之一和西部的二分之一，投入过低；2002—2009 年间增长速度虽略高于西部但显著低于全国总体水平（如表 3 – 19 所示）。

表 3 – 19　　2002—2009 年西部人均 R&D 投入　　单位：元/人

年份	内蒙古	广西	重庆	四川	贵州	云南	西藏	陕西	甘肃	青海	宁夏	新疆	西部	全国
2002	20	19	45	73	16	23	18	165	42	39	34	18	51	36
2003	27	23	62	93	20	25	11	184	49	45	41	20	61	68
2004	33	24	85	91	22	28	13	225	55	56	52	31	69	108
2005	49	31	114	118	30	48	13	249	76	54	53	32	87	121
2006	69	39	131	132	39	47	17	271	92	61	82	41	99	145
2007	101	46	167	171	37	57	25	325	98	69	122	48	122	183
2008	140	68	212	197	50	68	43	381	121	71	122	75	148	264
2009	215	97	278	262	70	81	50	502	141	136	167	101	197	367
2002—2009 年增长倍数①	9. 59	4. 18	5. 20	2. 59	3. 39	2. 60	1. 69	2. 04	2. 34	2. 46	3. 89	4. 47	2. 88	9. 32

资料来源：根据历年《中国科技统计年鉴》和《中国统计年鉴》计算。

① 名义增长速度。

从人均发明专利获取量来看，贵州近十多年来的表现也并不理想，大多为全国平均的五分之一左右和西部的二分之一左右，与投入情况基本一致（如表3－20所示）。

表3－20　　1998—2009年西部发明专利授权数　　单位：项/千万人

年份	内蒙古	广西	重庆	四川	贵州	云南	西藏	陕西	甘肃	青海	宁夏	新疆	西部	全国
1998	5	4	5	8	4	11	8	16	7	2	7	8	30	NA
1999	7	8	8	17	5	17	8	27	19	10	18	18	25	25
2000	25	21	20	29	17	33	15	52	32	31	38	36	29	49
2001	31	11	14	31	11	26	11	36	22	29	27	48	25	42
2002	22	10	18	27	12	19	4	40	27	26	38	32	23	46
2003	34	17	45	40	20	40	15	49	32	32	93	39	36	88
2004	45	26	53	NA	46	31	NA	124	48	39	78	38	NA	140
2005	41	30	64	75	35	69	NA	120	45	44	67	44	NA	158
2006	45	39	88	83	50	79	NA	161	56	55	106	52	NA	191
2007	50	39	126	102	62	82	56	201	69	51	52	43	88	242
2008	58	43	187	133	71	84	NA	256	80	41	78	38	NA	351
2009	73	67	292	195	85	104	24	356	86	63	83	56	150	490

资料来源：根据历年《中国科技统计年鉴》和《中国统计年鉴》计算。

（五）发展可持续能力

前一阶段的西部大开发工作在很大程度上依赖于中央政府的大规模转移支付，这一方式难以长期持续，贵州和其他地区需及早积累实力保持发展的可持续性。但是，过高的税负将使企业运营苦不堪言，影响投资环境。所以，增加税收应立足于扩大税基而不应提高税率。

另外，西部生态环境总体较为脆弱，同时生态地位又非常重要。例如，贵州地处长江和珠江上游，是“两江”上游生态屏障，又是众多珍稀动植物的栖息地和生长地，生态地位重要。同时，贵州生态也十分脆弱，水土流失和石漠化问题严重，全省水土流失面积占国土总面积的比重高达41.5%，石漠化面积占国土面积的18.8%，而且每年还在以2%—3%的速度扩展。保护生态环境，促进人与自然的协调是可持续发展的基本要求。

本书重点以财政自给率、宏观税负和节能减排有关指标反映经济社会发展的可持续性。

1. 财政自给率

本书的财政自给率是指地方财政一般预算内收入与地方财政一般预算内支出的比例，反映各地依靠自身财力维持政府运转、发展社会事业和进行经济建设的能力。

从财政自给率来看，2009 年贵州以 32.55% 位居西部第七（如表 3－21 所示）。说明对于贵州这样一个全国最贫困的省份，中央的支持并不是最大的，贵州获得的支持基本位居西部中等水平。

表 3－21　1998—2009 年西部各地财政自给率　单位：%

年份	内蒙古	广西	重庆	四川	贵州	云南	西藏	陕西	甘肃	青海	宁夏	新疆
1998	42.73	60.33	56.56	61.47	49.09	51.29	8.03	56.16	43.10	28.96	39.34	44.79
1999	40.67	59.37	51.07	58.18	43.50	45.67	8.58	51.52	39.49	25.43	38.04	42.89
2000	36.40	56.89	46.49	51.74	42.28	43.65	8.97	42.31	32.56	24.29	34.22	41.41
2001	29.59	50.81	44.67	45.64	36.25	38.53	5.84	38.80	29.71	19.57	29.46	36.11
2002	27.30	44.47	41.22	41.60	34.19	39.24	5.30	37.12	27.82	17.77	23.10	32.25
2003	29.45	45.91	47.30	45.96	37.48	38.99	5.59	42.40	29.22	19.70	28.39	34.80
2004	35.14	46.85	50.70	43.09	35.68	39.68	7.49	41.63	29.18	19.66	30.46	36.98
2005	40.69	46.29	52.70	46.47	35.05	41.97	6.49	43.09	28.77	19.92	29.78	34.74
2006	42.28	46.96	53.47	45.09	37.14	42.52	7.27	44.08	26.72	19.68	31.76	32.35
2007	45.49	42.48	57.61	48.37	35.85	42.87	7.31	45.09	28.27	20.10	33.09	35.95
2008	44.73	39.97	56.85	35.32	33.12	41.77	6.54	41.40	27.36	19.68	29.27	34.08
2009	44.19	38.72	51.73	32.71	32.55	35.76	6.40	39.92	23.00	18.03	25.81	28.86

资料来源：西部各地历年统计年鉴。

2. 税负水平

对税负水平可以采用两种方法进行考察：一是测算一般财政收入与当地 GDP 之比（以下记为“税负 1”），这种方法较为简单，但对税收的计算并不完全；二是结合我国财税体制实际情况，以地方本级收入加上全部消费税和增值税 75% 的部分（即来源于本地的全部税收收入）与本地 GDP 之比（以下记为“税负 2”）。本书同时采用两种方法进行考察。

从一般财政收入占当地 GDP 的比重看，2009 年贵州的宏观税负在西部所有地区是最高的，其他年份的税负水平也总体较高（如表 3－22 所示）。这和上面分析中发现中央政府对这一最贫困地区的支持水平不够高有关。这样的税负水平将对本地企业发展的可持续性产生严重的不利影响，也将对本地招商引资带来消极作用。

表3－22　　西部各地税负1　　单位:%

年份	内蒙古	广西	重庆	四川	贵州	云南	西藏	陕西	甘肃	青海	宁夏	新疆
1998	6.15	6.26	4.44	5.68	6.97	9.19	0.20	6.40	6.09	5.78	7.23	5.91
1999	6.28	6.77	4.61	5.80	7.21	9.09	0.24	6.68	6.10	5.92	7.12	6.13
2000	6.17	7.07	4.87	5.95	7.52	8.99	0.27	6.37	5.82	6.29	7.06	5.80
2001	5.80	7.84	5.37	6.31	8.02	8.95	0.29	6.75	6.22	6.60	8.17	6.38
2002	5.81	7.40	5.65	6.18	7.59	8.94	0.32	6.67	6.19	6.19	7.02	7.22
2003	5.81	7.22	6.32	6.31	7.42	8.96	0.32	6.85	6.26	6.16	6.74	6.80
2004	6.47	6.93	6.61	6.05	7.44	8.55	0.33	6.77	6.17	5.79	6.98	7.05
2005	7.11	7.10	7.41	6.49	7.80	9.26	0.35	7.00	6.39	6.22	7.79	6.92
2006	6.95	7.22	8.13	6.99	7.86	9.48	0.36	7.63	6.20	6.51	8.45	7.21
2007	7.67	7.19	9.47	8.06	8.01	10.27	0.42	8.25	7.06	7.11	8.71	8.11
2008	7.66	7.38	9.97	8.27	8.93	10.77	0.44	8.09	8.37	7.03	7.89	8.63
2009	8.73	9.95	10.44	8.30	13.65	11.32	0.49	9.00	8.46	8.11	8.24	9.09

资料来源：西部各地历年统计年鉴。

对比来自本地全部财政收入占GDP的比重，情况与前面基本一致，贵州的税负水平仅略低于云南①，位居西部第二（如表3－23所示）。这再次提醒我们：在贵州这样的极度贫困地区，切不可竭泽而渔，而应放水养鱼。

表3－23　　西部各地税负2　　单位:%

年份	内蒙古	广西	重庆	四川	贵州	云南	西藏	陕西	甘肃	青海	宁夏	新疆
1998	10.00	9.75	13.09	6.85	14.59	22.87	5.97	11.36	11.11	9.80	13.12	10.01
1999	10.21	10.30	8.59	8.99	14.67	22.93	6.37	11.63	10.97	9.95	13.15	10.15
2005	11.16	10.59	12.56	9.98	16.32	19.68	6.21	13.14	11.75	10.79	13.00	12.75
2009	12.55	11.46	13.82	11.70	17.36	21.96	8.85	15.32	16.05	13.13	13.41	16.54

资料来源：《中国财政年鉴》（2010）。

① 云南税负高与该省烟草产业比重高而烟草行业税率较高有关。

3. 节能减排

随着全球变暖和生存环境的不断恶化，节能减排的压力逐步增大。为应对全球气候变化，国务院印发了《“十二五”节能减排综合性工作方案》（国发［2011］26号），明确了各地“十二五”期间节能减排的具体任务，节能减排相关指标已成为约束性指标，西部地区的发展面临着更为严格的节能减排硬性约束。

贵州的能源消耗强度2005年为全国平均水平的2.54倍，2009年为2.08倍，在西部地区基本处于第二位、第三位（如表3－24所示）。

在污染物排放方面，我们可以对各地工业废水排放达标率和工业固体废物综合利用率等指标进行比较。

表3－24　2005年、2009年西部各地区能源消耗强度

（能耗/GDP，吨标准煤/万元等价值）

年份	内蒙古	广西	重庆	四川	贵州	云南	西藏	陕西	甘肃	青海	宁夏	新疆	全国
2005	2.48	1.22	1.42	1.53	3.25	1.73	NA	1.48	2.26	3.07	4.14	2.11	1.28
2009	2.01	1.06	1.18	1.34	2.35	1.50	NA	1.17	1.86	2.69	3.45	1.93	1.08

注：地区生产总值和工业增加值按2005年价格计算。

资料来源：各地统计年鉴。

全国和西部近年来污染物排放标准不断提高、排放达标率迅速上升，但各地排放情况受多种因素影响差别依然较大。贵州废水排放达标率9年间上升44.79个百分点，2009年的排放达标率在西部位列第九，和全国平均水平相比落后23.24个百分点（如表3－25所示）。

表3－25　2000年、2005年、2009年西部工业废水排放达标率　单位：%

年份	内蒙古	广西	重庆	四川	贵州	云南	西藏	陕西	甘肃	青海	宁夏	新疆	全国
2000	30.97	37.15	43.19	35.57	26.21	26.83	NA	42.02	41.94	19.46	21.03	31.99	47.09
2005	66.62	83.7	93.66	88.26	67.7	80.96	NA	92.73	73.23	44.57	67.76	59.31	91.2
2009	85.15	94.96	94.28	95.39	71.00	92.64	22.34	96.72	81.07	55.83	87.43	66.74	94.24

资料来源：《中国环境统计年鉴》（2010）。

工业固体废物综合利用情况和废水排放达标情况基本一致：全国、西部和贵州近年来改善显著；西藏、青海和新疆等地相对落后，贵州依然位于第九的位置。从工业废水排放达标率和工业固体废物综合利用率来看，贵州近年来进展很大，但和全国平均水平相比差距很大，在西部总体上也处于落后水平（如表3－26所示）。

表3－26　　2000年、2005年、2009年西部各地工业固体废物综合利用率（%）

年份	内蒙古	广西	重庆	四川	贵州	云南	西藏	陕西	甘肃	青海	宁夏	新疆	全国
2000	23.25	50.18	47.98	35.83	30.33	36.13	NA	14.5	23.3	136.06	41.56	41.24	45.89
2005	41.45	62.05	74.79	59.96	34.16	35.31	NA	24.04	30.15	21.88	53.82	51.97	57.27
2009	52.59	67.74	81.38	57.61	45.79	49.17	1.78	54.04	34.05	37.71	70.65	47.63	67.76

资料来源：《中国环境统计年鉴》（2010）。

（六）制度保障能力

前已述及，新制度经济学认为制度至关重要，经济增长的经验分析也已证明制度在保证经济长期发展中的重要作用，改革开放30多年的实践充分表明我国市场化体制进程在促进经济社会发展中的重要推动作用。

1. 市场化进程

我们之所以对以市场化为代表的制度如此强调，是因为改革开放以来的实践充分证明，以市场化改革为方向的经济转型给中国带来了举世瞩目的经济成就。研究的结果显示，从1997年到2007年，市场化进程对经济增长的贡献达到年均1.45个百分点。市场化改革推进了资源配置效率的改善，这一时期全要素生产率的39.2%是由市场化贡献的①（樊纲等，2011）。贵州市场化程度近年来不断提升，而且在西部的排名略有上升，这是一个可喜的现象（如表3－27所示）。

表3－27　　1998—2007年西部各地市场化指数

年份	贵州	内蒙古	广西	重庆	四川	云南	西藏	陕西	甘肃	青海	宁夏	新疆	全国
1998	3.20	2.93	4.29	4.39	4.37	2.89		3.45	3.36	1.49	2.01	2.00	
1999	3.29	3.41	4.39	4.57	4.07	3.47		2.94	3.61	2.15	2.86	1.72	
2000	3.31	3.59	4.29	4.59	4.41	4.08		3.41	3.31	2.49	2.82	2.67	

① 樊纲、王小鲁、马光荣：《中国市场化进程对经济增长的贡献》，《经济研究》2011年第9期。

续表

年份	贵州	内蒙古	广西	重庆	四川	云南	西藏	陕西	甘肃	青海	宁夏	新疆	全国
2001	2.95	3.53	3.93	5.20	5.00	3.82	0.33	3.37	3.04	2.37	2.70	3.18	4.64
2002	3.04	4.00	4.75	5.71	5.35	3.80	0.63	3.90	3.05	2.45	3.24	3.41	5.02
2003	3.67	4.39	5.00	6.47	5.85	4.23	0.79	4.11	3.32	2.60	4.24	4.26	5.50
2004	4.17	5.12	5.42	7.20	6.38	4.81	1.55	4.46	3.95	3.10	4.56	4.76	6.10
2005	4.80	5.74	6.04	7.35	7.04	5.27	2.64	4.81	4.62	3.86	5.01	5.23	6.52
2006	5.22	6.28	6.12	8.09	7.26	5.72	2.89	5.11	4.95	4.24	5.24	5.19	
2007	5.57	6.40	6.37	8.10	7.66	6.15	4.25	5.36	5.31	4.64	5.85	5.36	

资料来源：樊纲等：《中国市场化指数：各省区相对进行报告（2009）》，经济科学出版社2009年版。

如果用一个更简单的指标反映各地市场化程度①，我们可以选择各地工业行业非国有经济成分所占比重来衡量（如表3－28所示）。

表3－28　2009年各地国有及规模以上工业行业非国有经济成分情况

地区	固定资产净值（亿元）	国有及国有控股净值（亿元）	国有比例（%）	非国有比例（%）
贵州	2230.64	1812.90	81.27	18.73
内蒙古	5262.17	3280.96	62.35	37.65
广西	3041.08	1921.38	63.18	36.82
重庆	2275.98	1374.57	60.39	39.61
四川	6464.16	3429.38	53.05	46.95
云南	2927.63	2009.69	68.65	31.35
西藏	119.79	100.71	84.07	15.93
陕西	3953.72	3141.73	79.46	20.54
甘肃	2265.69	1894.82	83.63	16.37
青海	1104.40	931.51	84.35	15.65
宁夏	1019.90	730.50	71.62	28.38
新疆	3276.11	2788.46	85.11	14.89
西部	33941.27	23416.61	68.99	31.01
全国	179547.09	90853.40	50.60	49.40

资料来源：《中国工业经济统计年鉴（2010）》。

① 主要反映改革开放（包括对内开放和对外开放）程度。

这一结果与上文樊纲等人的评价结果基本一致。贵州的市场化进程仍显著落后于全国总体水平，与西部平均水平相比差距也仍然较大。2011年3月，贵州省委、省政府召开全省加快民营经济发展大会，并发布《中共贵州省委贵州省人民政府关于进一步加快全省民营经济发展的意见》，为进一步加快民营经济发展，贵州省制定了实施民营经济发展的三年倍增计划，相信未来时期会有进一步好转。

2. 对外开放

改革开放以来全国和沿海发达地区的实践表明，积极参与全球经济分工与合作、扩大国际贸易规模是推动经济快速发展的重要途径之一。1978—2010年，全国进出口总额从204.4亿美元增长到29740.0亿美元，按美元名义值计算增长了144.50倍，年均增长16.84%；其中出口额从97.5亿美元增长到1.58万亿美元，增长了160.82倍，年均增长17.23%。同期，贵州外贸进出口总额和出口额分别从1930万美元和645万美元增长到31.38亿美元和19.19亿美元，分别增长了161.59倍和296.52倍，年均分别增长17.25%和19.48%。虽然贵州外贸增长速度快于全国平均水平，但基数太低、总量太小：进出口总额占全国的比重1978年为0.09%，2010年为0.11%；出口额1978年占0.17%，2010年占0.12%。全国外贸依存度2005—2008年一直维持在60%左右，而贵州历史最高水平也没有超过7.5%。作为拉动经济增长的"三驾马车"之一，外贸规模过小显然对贵州的经济发展产生了极其不利的影响。根据李善同教授等人的研究，1987—2007年全国外贸对GDP的贡献逐年增加，2007年进出口的总贡献达到42%（4.5个百分点）①。外贸规模过小和对外开放不足将严重制约贵州经济发展（如表3－29所示）。

表3－29　贵州、西部和全国进出口依存度比较　单位：%

年份	贵州	西部	全国
1998	5.50	8.13	31.78
1999	4.40	7.37	33.29
2000	4.82	7.99	39.57
2001	4.33	7.63	38.47

① 李善同等：《2030年的中国经济》，经济科学出版社2011年版。

续表

年份	贵州	西部	全国
2002	4.01	8.39	42.70
2003	4.86	9.76	51.86
2004	6.25	10.25	59.77
2005	4.92	10.98	62.98
2006	4.47	11.44	64.88
2007	4.85	12.22	62.18
2008	5.98	12.45	56.69
2009	4.02	9.35	44.29

资料来源：根据历年《中国统计年鉴》、《贵州统计年鉴》和西部其他地区统计年鉴计算（按年均汇率算）。

对外开放除了经常项目往来，还有资本项目往来，我们选择各年资金来源中外商直接投资（FDI）所占比例来衡量（如表3－30所示）。

表3－30　　贵州、西部和全国FDI情况（1998—2009年）

单位：亿美元，%

年份	贵州FDI	西部FDI	全国FDI	贵州在西部占比	贵州在全国占比
1998	0.45	23.92	454.63	1.88	0.10
1999	0.41	18.51	403.19	2.22	0.10
2000	0.25	69.07	407.15	0.36	0.06
2001	0.28	19.57	468.78	1.43	0.06
2002	0.37	23.55	527.43	1.57	0.07
2003	0.56	26.06	535.05	2.15	0.10
2004	0.55	31.47	606.30	1.75	0.09
2005	1.03	42.84	603.25	2.40	0.17
2006	0.94	58.74	630.21	1.60	0.15
2007	1.27	77.55	747.68	1.64	0.17
2008	1.49	120.72	923.95	1.23	0.16
2009	1.34	142.77	900.33	0.94	0.15

资料来源：根据《中国统计年鉴》（2010）和西部各地统计年鉴计算。

贵州吸引外资数量少而且波动较为剧烈，和前几年相比2005年以来则相对较为稳定。

3. 公共服务

公共服务水平是本地资源充分发挥作用的保障，也是吸引区域外部资源进入的决定条件之一。本书通过医疗卫生和教育予以反映（如表3－31所示）。

表3－31　　西部卫生机构病床数　　单位：张/万人

年份	内蒙古	广西	重庆	四川	贵州	云南	西藏	陕西	甘肃	青海	宁夏	新疆	全国
1998	26.8	17.4	21.5	22.9	14.9	21.0	26.5	25.3	23.3	34.3	25.5	38.1	24.0
1999	28.1	17.7	21.5	22.8	14.9	21.0	26.0	25.5	23.3	33.3	21.2	37.5	23.9
2000	28.2	17.5	21.2	22.7	14.8	21.0	25.2	25.4	23.3	32.0	23.5	35.6	23.8
2001	28.8	17.9	21.0	22.5	14.8	21.2	25.1	25.8	23.5	31.5	21.6	35.1	23.9
2002	27.3	17.2	19.9	22.1	15.1	20.5	23.8	25.8	23.6	30.5	20.9	34.1	23.2
2003	27.4	16.9	20.2	22.0	14.9	20.8	24.0	26.8	23.6	31.2	22.7	36.1	23.4
2004	28.0	17.5	20.3	22.3	14.9	21.6	23.4	26.9	23.7	30.6	24.0	37.7	24.0
2005	29.1	18.7	20.4	22.6	15.0	22.2	24.4	27.8	24.4	29.5	24.8	37.8	24.5
2006	29.4	19.1	21.4	23.1	15.8	22.8	26.7	29.2	25.5	19.7	26.1	39.1	25.3
2007	30.8	20.6	23.1	24.3	17.9	24.5	25.1	30.5	26.9	19.7	27.0	41.6	26.3
2008	33.7	22.8	25.2	27.4	20.6	26.2	30.5	32.7	29.2	32.2	33.9	43.8	28.4
2009	31.6	23.4	26.5	28.8	22.3	29.4	28.2	32.6	28.5	33.2	33.3	48.4	30.6

资料来源：《中国统计年鉴》（历年）、西部各地2010年统计年鉴。

囿于财政实力等因素，贵州公共服务水平相对较低，以病床数衡量的卫生服务能力在1998—2009年一直处于西部和全国最低水平，但和全国平均水平相比差距在不断缩小。这充分体现了中央政府近年来对民生，特别是西部贫困地区民生的重视。

表3－32　　2009年各地区财政教育支出

地区	内蒙古	广西	重庆	四川	贵州	云南	西藏	陕西	甘肃	青海	宁夏	新疆
总投入（亿元）	243	297	190	451	257	308	61	311	206	62	64	240
年末总人口（万人）	2422	4856	2859	8185	3798	4571	290	3772	2635	557	625	2159
人均教育支出（元/人）	1005	611	666	552	676	674	2105	824	783	1109	1016	1112

资料来源：《中国统计年鉴》、西部各地2010年统计年鉴。

相对于医疗卫生服务水平，除西藏外西部各地在教育领域相对差距不大，贵州与四川、云南、重庆和广西基本处于同一水平（如表 3 - 32 所示）。

二 主成分分析法整体测评分析

本研究选择 2009 年作为主成分分析法整体测评分析的时点，原因主要有两点：第一，西部大开发自 1999 年启动，到 2009 年恰好十年，研究具有一定的总结意义；第二，下一个十年的西部大开发战略与前一个十年相比侧重点有所不同，对增强自我发展能力的要求更为突出，以 2009 年作为重点考察的时点便于前后联系。

为更直观地反映贵州各指标在西部 12 省（区、市）中的位置，我们将数据资料进行标准化处理，如表 3 - 33 所示。

表 3 - 33　　原始数据标准化结果　　单位：%

指标	贵州	内蒙古	广西	重庆	四川	云南	西藏	陕西	甘肃	青海	宁夏	新疆
工业增加值/GDP	6.33	10	7.59	9.6	8.42	6.8	0	9.11	7.36	9.3	7.99	7.46
人均工业增加值	1.24	10	2.73	5.19	3.32	1.96	0	4.66	1.96	4.18	4.11	3.48
四产业占工业总产值比例	6.26	6.46	5.71	7.06	2.13	6.47	10	5.95	7.63	0	7.35	7.7
四产业增加值增速	4.92	8.36	6.48	7.22	7.54	3.18	10	6.12	1.92	0	3.74	0.89
四产业就业比重	8.48	8.5	4.67	6.4	1.28	6.63	10	4.66	2.46	0	9.9	8.26
四产业总资产贡献率	5.89	6.95	2.96	3.42	9.03	9.42	4.35	10	4.79	0	0.44	9.03
人均基础资源相对优势	5.73	8.79	4.39	0.12	7.15	10	4.01	5.2	4.37	2.69	0	6.8
等级公路	0.27	4.67	0	1.18	0.88	1.94	10	2.46	1.78	7.49	2.24	3.59
铁路	0.41	10	0.82	0.2	0	0.48	4.81	1.64	1.77	8.91	3.48	4.44
城镇化率	2.06	10	5.21	9.39	5.04	3.45	0	6.66	2.99	6.09	7.53	5.42
间接融资	7.29	0.98	4.35	9.07	6.34	10	0	5.21	5.99	8.5	9.93	3.75
直接融资	0	1.65	0.39	2.73	2.29	0.61	10	1.52	1.65	5.02	5.67	4.89
人均 GDP 增速	2.25	10	2.97	4.52	4.27	0.85	2.97	4.97	2.46	3.15	1.95	0

续表

指标	贵州	内蒙古	广西	重庆	四川	云南	西藏	陕西	甘肃	青海	宁夏	新疆
人均财政总收入增速	3. 83	8. 48	5. 77	10	3. 8	0	5. 81	6. 65	3. 77	7. 22	2. 91	1. 68
城镇人均收入增速	1. 38	6. 67	6. 63	8. 97	5. 64	0	3. 29	5. 93	6. 71	6. 12	10	5. 56
农村人均收入增速	1. 67	2. 02	3. 16	7. 93	7. 4	2. 54	10	2. 75	3. 27	0	5. 93	9. 25
劳动人口人均受教育年限	5. 87	9. 52	8. 65	7. 7	7. 22	5. 53	0	9. 34	6. 22	7. 04	8. 97	10
人均固定资本存量	0	10	2. 45	5. 14	2. 02	0. 61	1. 75	3. 48	0. 6	5. 24	6. 06	4. 94
人均 R&D 投入	0. 44	3. 65	1. 04	5. 04	4. 69	0. 69	0	10	2. 01	1. 9	2. 59	1. 13
每千万人发明专利授权数	1. 83	1. 49	1. 3	8. 07	5. 15	2. 41	0	10	1. 87	1. 17	1. 78	0. 95
财政自给率	5. 77	8. 34	7. 13	10	5. 8	6. 48	0	7. 39	3. 66	2. 57	4. 28	4. 95
宏观税负	3. 51	7. 18	8. 01	6. 21	7. 83	0	10	5. 06	4. 51	6. 74	6. 52	4. 13
单位 GDP 能耗	4. 61	6. 03	10	9. 48	8. 83	8. 17	9. 09	9. 52	6. 63	3. 19	0	6. 34
工业废水排放达标率	6. 54	8. 44	9. 76	9. 67	9. 82	9. 45	0	10	7. 9	4. 5	8. 75	5. 97
工业固体废物综合利用率	5. 53	6. 38	8. 29	10	7. 01	5. 95	0	6. 57	4. 05	4. 51	8. 65	5. 76
市场化指数	3. 43	5. 58	5. 51	10	8. 86	4. 94	0	2. 88	2. 75	1. 01	4. 16	2. 88
工业资产净值非国有经济比重	1. 2	7. 1	6. 84	7. 71	10	5. 13	0. 32	1. 76	0. 46	0. 24	4. 21	0
利用外资比例	0	4. 69	1. 71	10	3. 32	1. 96	1. 69	2. 59	0. 1	2. 85	0. 3	0. 28
外贸依存度	0. 17	0. 56	4. 76	2. 35	4. 29	2. 8	1. 35	1. 78	2. 2	0	1. 27	10
每万人病床数	0	3. 56	0. 44	1. 62	2. 49	2. 73	2. 25	3. 94	2. 36	4. 17	4. 21	10
人均财政教育支出	0. 8	2. 92	0. 38	0. 73	0	0. 79	10	1. 76	1. 49	3. 59	2. 99	3. 61

以0分为最低分、10分为最高分，在31个指标中贵州有25个指标低于6分，其中有4个指标为0分，没有任何一个指标能够得到10分。前文的分析已经基本明确：贵州的经济和社会发展即使在西部也非常落后。全省相对较好的指标①分别是：特色优势产业就业比重（反映就业集中程度）、年末贷款余额占GDP的比重（反映间接融资规模）、工业废水排放达标率（反映污染物治理成效）、工业增加值占GDP的比重（反映工业化程度；位居西部第11位，仅好于西藏）和特色优势产业总产值比重（反映产业集中程度）。

利用SPSS软件，按照主成分分析操作程序和要求，软件自动将31个指标归入数个因子②，根据各因子对总方差的贡献，本书保留5个因子（如表3－34所示）。

表3－34　　各地因子得分和总得分

地区	因子1得分	因子2得分	因子3得分	因子4得分	因子5得分	总分	10分制得分
贵州	-0.097	-1.152	-0.165	0.076	-0.722	-0.368	2.970
内蒙古	0.431	2.512	0.789	0.997	-0.766	0.921	10.000
广西	0.711	-0.481	0.945	-0.397	-0.850	0.232	6.245
重庆	1.377	-0.258	0.644	-1.146	0.903	0.566	8.066
四川	0.735	-0.335	1.149	0.648	0.106	0.504	7.726
云南	0.405	-1.108	-0.556	1.567	-0.858	-0.036	4.779
西藏	-2.570	-0.220	1.553	-0.164	0.235	-0.912	0.000
陕西	0.186	0.152	-0.278	0.562	2.684	0.344	6.852
甘肃	-0.370	-0.783	-0.653	-0.135	-0.039	-0.451	2.513
青海	-0.752	0.821	-1.006	-1.148	-0.299	-0.456	2.486
宁夏	0.395	0.376	-0.687	-1.773	-0.496	-0.103	4.416
新疆	-0.451	0.475	-1.736	0.913	0.103	-0.241	3.663

仍以0分表示最低得分、10分表示最高得分，贵州2009年的得分为2.97分，在西部12个省区市中位居第9（见表3－34），略好于甘肃和青海，显著好于西藏。

① 得分大于等于6分。

② 对这些因子的含义只能按照其中主要指标来解释，通常已经难以将其具体分析。

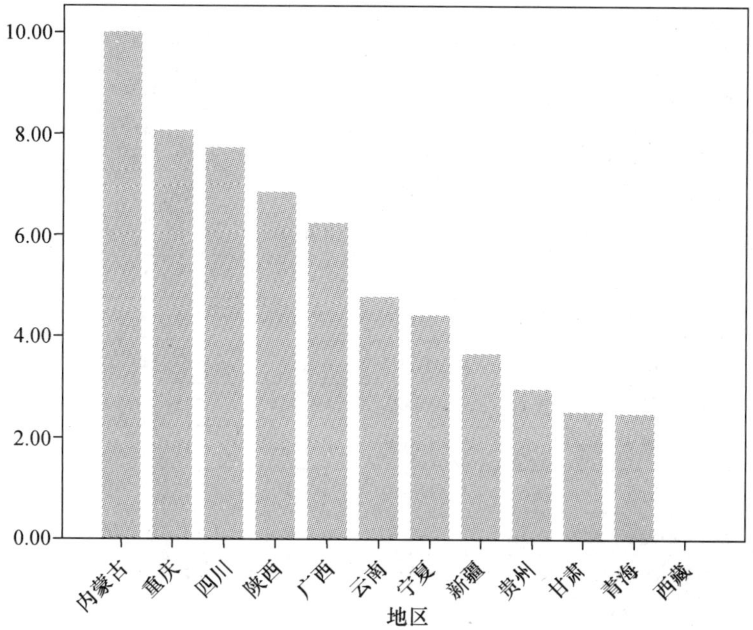

图 3－1　西部各地 2009 年自我发展能力指数

这一计算结果或许有一些出乎意料，但是根据前文的理论分析和指标体系设置，完全可以对这一结果进行合理解释：内蒙古连续多年 GDP 增速位居全国第一，工业发展迅速。虽然发展中仍存在很多问题，但该区域能够充分利用本地优势条件将资源优势转化为经济优势，至少在 1999—2009 年间其自我发展能力可圈可点；重庆、四川和陕西原有基础相对较好，近年来又表现不俗；广西借助北部湾通商条件风生水起。这 5 个省（区、市）位居前列实属意料之中。贵州虽然人均 GDP 等指标一直表现不佳，但部分指标略好于甘肃、青海和西藏。

进一步，可以进行自我发展能力分项因子的计算与分析。利用 31 个指标的数据资料，运用 SPSS 软件，可以得到如表 3－35 所示的成分矩阵：

表 3－35　　成分矩阵

指标	成分 1	成分 2	成分 3	成分 4	成分 5
城镇化率	0.917	0.336	－0.057	－0.125	0.061
财政自给率	0.861	－0.35	－0.086	0.035	－0.104

续表

指标	成分 1	成分 2	成分 3	成分 4	成分 5
工业增加值/GDP	0.852	0.11	-0.389	-0.094	-0.029
人均工业增加值	0.84	0.469	0.09	0.186	-0.033
工业固体废物综合利用率	0.821	-0.211	-0.243	-0.395	-0.131
劳动人口人均受教育年限	0.789	0.189	-0.46	0.005	-0.008
工业废水排放达标率	0.788	-0.437	-0.289	-0.089	-0.14
市场化指数	0.733	-0.456	0.131	-0.191	-0.248
人均 GDP 增速	0.7	0.572	0.273	0.261	0.005
工业资产净值非国有经济比重	0.696	-0.344	0.381	-0.102	-0.385
工业总产值增速	0.685	0.149	0.536	0.173	-0.178
铁路	0.024	0.93	0.156	0.248	-0.04
人均固定资本存量	0.628	0.738	0.131	0.055	0.025
单位 GDP 能耗	0.088	-0.642	0.4	0.354	0.201
每万人病床数	0.05	0.506	-0.487	0.398	0.244
四产业增速	0.184	-0.263	0.892	0.107	0.059
宏观税负	0.007	0.338	0.795	-0.256	0.191
人均基础资源相对优势	0.012	-0.204	-0.064	0.875	-0.406
四产业总资产贡献率	0.16	-0.47	-0.134	0.829	0.091
人均 R&D 投入	0.661	-0.164	0.034	0.109	0.675
每千万人发明专利授权数	0.579	-0.478	-0.024	-0.027	0.631

就本书所研究的自我发展能力而言，重要的指标有 21 个，可以归结为 5 个因子（如表 3-36 所示），这 5 个成分、21 个指标解释了总方差的 90.492%。根据各因子初始特征值大小，可以计算其权重。因子 i 的权重计算方法为：

$$W_i = \frac{\lambda_i}{\sum_{j=1}^{5} \lambda_j} \tag{3.1}$$

λ_i 为第 i 个因子所对应的特征值。

地区 i 的自我发展能力指数（VI）的计算：

$$VI_i = \sum_{j=1}^{5} W_j F_j \tag{3.2}$$

表 3－36　　特征值和权重

因子	主要指标	初始特征值	权重
1	城镇化率、财政自给率、工业增加值/GDP、人均工业增加值、工业固体废物综合利用率、劳动人口人均受教育年限、工业废水排放达标率、市场化指数、人均 GDP 增速、工业资产净值非国有经济比重、工业总产值增速	8. 149	0. 43
2	铁路、人均固定资本存量、单位 GDP 能耗、每万人病床数	4. 194	0. 22
3	四产业增速、宏观税负	2. 938	0. 15
4	人均基础资源相对优势、四产业总资产贡献率	2. 260	0. 12
5	人均 R&D 投入、每千万人发明专利授权数	1. 462	0. 08

因子 1 主要包括城镇化率、财政自给率、工业增加值/GDP、人均工业增加值、工业固体废物综合利用率、劳动人口人均受教育年限、工业废水排放达标率、市场化指数、人均 GDP 增速、工业资产净值中非国有经济比重、2005—2009 年工业总产值增速。总体上反映了工业化和城镇化发展基础。

因子 2 主要包括铁路、人均固定资本存量、单位 GDP 能耗、每万人病床数。主要反映了发展的历史成就。

因子 3 主要包括特色优势产业增速、宏观税负。

因子 4 主要包括人均基础资源相对优势、特色优势产业总资产贡献率。

因子 5 主要包括人均 R&D 投入、每千万人发明专利授权数。

第三节　经济意义解读和综合评价

本书指标权重根据主成分分析方法自动生成，不受主观因素影响，其中城镇化水平、工业化水平和发展速度、财政自给程度、人力资本存量、制度保障能力和发展基础等 11 个指标权重较大。整体测评的数据由于采用多元回归分析，有必要进一步进行经济意义的解读，尤其是其 5 个权重最大因子的意义。

一　经济意义解读

因子 1 权重最大，达到 0. 43，囊括的指标达到 11 个，概括性较强。

该因子主要反映了工业发展、城镇化、市场化程度等。贵州在该领域的表现较差，按10分制得分仅为2.97分，好于西藏、青海和甘肃。该因子所概括的11个指标中，贵州的城镇化率、工业增加值占GDP比重、人均工业增加值位居西部倒数第二；人均GDP增速位居倒数第三。城镇化本质上是产业集聚的表现，反映了产业集聚水平；贵州城镇化水平低实际上是产业基础薄弱、产业集聚水平低的反映。

因子2权重为0.22，主要包括交通基础设施、人均固定资本存量，主要反映了资本积累水平。以单位人口拥有的铁路长度衡量，贵州的交通基础设施在西部位居第十，属于极端落后水平；贵州的人均固定资本存量长期处于全国最低水平，这也是贵州经济难以走出“贫困的恶性循环”的根本原因之一。

因子3权重为0.15，包括特色优势产业增速和宏观税负。2005—2009年贵州特色优势产业增速在西部位居第六，远低于内蒙古、四川和重庆，但好于青海、新疆和甘肃；贵州宏观税负过高，以地方本级收入加上全部消费税和增值税75%的部分与本地GDP之比（宏观税负2）衡量，贵州的税负水平达到17.36%，几乎是西藏（8.85%）的2倍，略低于云南位居西部地区第二。贵州经济发展滞后，中央政府转移支付难以为4000万人口的贵州提供足够的资金来源，由此导致当地政府加重了税收征管力度。为了保持国民经济和税源的可持续发展，对于贵州这样的极端落后地区应争取条件降低税率。

因子4权重为0.12，主要包括人均基础资源相对优势、特色优势产业总资产贡献率。西部地区主要产业为资源开发和初加工，《国务院关于进一步促进贵州经济社会又好又快发展的若干意见》明确要求贵州要建设成为全国重要的能源基地、资源深加工基地，要大力实施优势资源转化战略，构建特色鲜明、结构合理、功能配套、竞争力强的现代产业体系。贵州所处的发展阶段决定了其对于自然资源和资本投入的严重依赖。西部地区人均资源相对条件最好的5个地区依次是云南、内蒙古、四川、新疆和贵州，贵州居于中等水平，所以未来时期应在抢抓机遇、充分利用的同时及早谋划产业转型升级。至于特色优势产业经营绩效，贵州四个代表性产业的总资产贡献率位于西部第六位，和陕西、云南、新疆和四川相比差距较为明显，但明显优于青海和宁夏。

因子5权重为0.08，主要包括人均R&D投入、每千万人发明专利授权数，反映了科技创新投入和产出水平。贵州的人均 R&D 投入略高于西藏，不及陕西的七分之一，约为重庆、四川的四分之一，在西部位居倒数第二。以单位人口发明专利拥有量衡量的 R&D 产出水平表明，贵州处于西部中等水平，远低于陕西、重庆和四川，但明显好于西藏和新疆。

贵州在 5 个权重最大的因子中分项得分分别为第八、第十二、第六、第六和第九，综合得分第九，仅好于自然气候极端恶劣的西藏、青海和甘肃。

二　综合评价

本章依据经济社会实力、发展支撑能力、产业体系竞争力、长期发展潜力、发展可持续性、制度保障能力六个方面，利用三级 31 个指标构建评价指标体系，运用主成分分析方法对贵州自我发展能力在西部地区的相对水平进行了综合评价。在本书的自我发展能力评价体系中城镇化水平、工业化水平和发展速度、财政自给程度、人力资本存量、制度保障能力和发展基础等 11 个指标权重较大。需要说明的是，指标权重根据主成分分析方法自动生成，不受主观因素影响。城镇化是经济集聚的体现之一，产业集聚是区域增长的基础；工业化水平及工业经济发展速度反映了区域现代产业体系规模和发展活力；财政自给程度反映各地自力更生能力的体现；人力资本积累水平是区域竞争优势的重要支撑；制度经济学、内生增长理论以及国内外的发展实践均表明，制度对于经济社会发展是至关重要的，制度安排决定了经济主体的活动空间和活动方式。本书的评价指标体系反映了理论研究成果和实践经验总结，能够体现区域自我发展能力水平，评价结果具有一定的理论和现实支撑。

贵州在 5 个权重最大的因子中分项得分分别为第八、第十二、第六、第六和第九，综合得分第九，仅好于自然气候极端恶劣的西藏、青海和甘肃，结合本章第一节进行的单指标结果，充分表明了增强贵州自我发展能力的艰巨性、长期性和紧迫性。时至今日，仍有不少的贵州干部群众安于现状、严重依赖中央政府救济；幻想着通过种植业和旅游业的发展促进全省发展而对发展现代工业抱有抵制态度；对自身资源优势估计过高，对于和外界的发展差距估计过小。

经济社会发展有其基本规律，不经过资本投入的大量增加、主导产业的迅速发展壮大、相关制度的深刻变革，就无法冲破阈值达到经济起飞的临界水平。

贵州的落后几乎是全方位的落后，唯有通过大规模的资本投入带动以现代工业为代表的支柱产业体系全面发展、基础设施全面改善、教育和科技的较快发展，才有机会缩小与国内发达地区的发展差距。在此过程中，政府自身改革和市场化体制改革深化是不可忽略的保障措施。

科学发展观、全面小康社会建设，第一位的是要发展，经济发展水平低下难以带来居民幸福指数的提升。贵州的发展既需要中央政府在一段时期内进一步加大支持力度实施帮扶，更需要本地区能够创造条件吸引社会各界投入促进主导产业加快发展和基础设施加快改善。

第四章　贵州自我发展能力诊断与增强路径选择

根据上述关于贵州自我发展能力的计算与评价，本章将采用 SWOT 方法对贵州自我发展能力做出基本诊断，并据此结合相关理论对增强路径及方向做出战略选择。

第一节　增强贵州自我发展能力的 SWOT 战略分析

SWOT 分析方法原是一种企业战略分析方法，也可应用于区域战略选择。按照竞争战略的完整概念，战略应是一个区域“能够做的”（即强项和弱项）和“可能做的”（即机会和威胁）之间的有机组合。

一　优势与劣势

人们习惯于认为：贵州在自然资源方面，特别是煤、磷、铝等矿产方面存在显著优势。对此，本文需要做一些说明。

包括水资源、耕地资源、森林资源、气候资源、能源资源和矿产资源在内的基础资源通常是落后地区发挥比较优势发展经济的起点。处于要素导向阶段的贵州如能在发挥资源优势的基础上逐步创造竞争优势，将能够显著增强自我发展能力。

对于资源优势问题，赵鹏大院士等人（1998）[①] 曾就勘查、开发、利用和保护等问题进行研究，提出进行矿产资源竞争力评价。白雪梅等（1998）[②] 从绝对丰度和相对丰度两个方面入手对各地包括水资源、能源、

---

① 赵鹏大等：《关于矿产资源竞争力评价问题》，《世界科技研究与发展》1998 年第 6 期。

② 白雪梅、赵松山：《地区基本资源优势度的综合比较研究》，《财经问题研究》1998 年第 9 期。

主要地下矿产资源、可利用土地资源、耕地与气候等在内的自然资源优势进行了评价。本书认为于术桐等（2008）① 的研究成果所用数据相对较新，考虑较为全面。于术桐等对国内各地水资源、耕地资源、森林资源、气候资源、能源资源和矿产资源等基础资源优势度进行了评价。根据他们的研究，如果以全国人均水平为100，贵州在水资源、耕地、森林、气候、能源、矿产等方面的人均拥有量指数分别为132.1、123.6、39.80、103.00、217.00和148.60。将绝对丰度和相对丰度结合起来，贵州的资源优势在全国位居第六，在西部位居第五，资源优势特别是能源和矿产较为明显。

利用各地2009年人均GDP数据、人均固定资本存量数据（FC）、基本资源优势度综合指数（NR）、人均R&D投入（RD），以后三个变量作为GDP的解释变量，并对GDP、FC和RD取自然对数，可以得到以下回归结果：

$$\mathrm{LN}(GDP) = 1.488 + 0.756\,\mathrm{LN}(FC) + 0.476NR + 0.095\,\mathrm{LN}(RD) \quad (4.1)$$

$$(2.248^{**}) \quad (10.820^{***}) \quad (2.759^{**}) \quad (2.172^{*})$$

$R^2 = 0.9578$， $\overline{R^2} = 0.9419$， $D.W. = 1.6195$

括弧内数字为t检验值，***、**和*分别表示在1%、5%和10%的水平上显著。

式（4.1）表明，至少在当前阶段，自然资源优势能够显著地促进西部各地经济发展，所谓“资源的诅咒”现象并未发生。

我们还需要知道的是，矿产资源方面，贵州储量相对丰富的煤、磷、铝土这三种矿产资源全国范围内按照目前的开采情况分别可开采200年、216年和141年；全国范围内煤、磷并不短缺，铝土需求缺口相对较大。历史和现实告诉我们，比较优势是一个有时空约束的概念：离开西南的地理位置，山西、新疆、内蒙古等地区比贵州在能源方面更有优势；在世界各国都致力于新能源研发和应用的背景下，若干年后煤炭资源的优势很可能将不复存在。现在全球范围内正在兴起新能源革命，全球都在攻关，科技日新月异，估计少则10年、多则20年，新能源必将有重大的突破。全球总体趋势将是限制化石能源、特别是煤炭资源的使用。在遏制煤炭能源

① 于术桐等：《中国各省区资源优势与经济优势比较研究》，《长江流域资源与环境》2008年第3期。

发展的形势到来之前，我们应充分利用今后的20年（2030年前）煤炭能源开发利用的黄金时期。充分利用本地资源积累发展后劲是工业化起步阶段各国的普遍做法。资源只有在被充分利用时才可能是真正的优势，经济要繁荣，必须将资源转换为生产力。贵州的煤炭资源需要在继续加大勘探、保障电力供应的同时，大力发展煤化工产业，争取成为江南最大的煤化工基地。

贵州拥有丰富的能源、矿产、生物和旅游等资源，这为能矿工业和新材料、民族医药、特色食品、旅游等产业发展提供了得天独厚的条件。贵州还拥有“三线建设”以来在航空、航天和电子工业领域积累的技术和人才资源，为装备制造和电子信息等产业发展提供了有力支撑。

按照现有发展规划部署，贵州目前的八大支柱产业是指电力、煤炭、冶金、有色、化工、装备制造、烟酒、民族医药和特色食品及旅游商品等八大产业。结合国民经济行业分类和现有统计年鉴①所能提供的数据资料，需要对以上行业作进一步的明确。

“电力”行业在相关统计年鉴中通常对应于“电力、蒸汽、热水的生产和供应业”。“煤炭”行业对应于“煤炭采选业”。“冶金”对应于“黑色金属冶炼及压延加工业”。“有色”对应于“有色金属冶炼及压延加工业”。“化工”对应于“化学原料及化学制品制造业”。按国民经济行业分类与代码，“装备制造”包括8个大类、46个中类、178个小类的投资类机电产品。8个大类包括：金属制品业、普通机械制造业、专用设备制造业、交通运输设备制造业、武器弹药制造业、电气机械及器材制造业、电子及通信设备制造业、仪器仪表及文化办公用机械制造业。本书分析过程中仅考虑金属制品业、普通机械制造业、专用设备制造业、交通运输设备制造业、武器弹药制造业、电气机械及器材制造业、电子及通信设备制造业、仪器仪表及文化办公用机械制造业8个行业。“烟酒”对应于“烟草加工业”和“饮料制造业”。“民族医药和特色食品及旅游商品”较为难以处理，现有年鉴能够提供“医药制造业”、“食品加工业”和“食品制造业”数据资料，本书以这三个行业作为替代，忽略“旅游商品”部分。

① 本节所用统计数据如无特殊声明均来自《中国工业经济统计年鉴》、《中国统计年鉴》、《贵州统计年鉴》和《贵州六十年：1949—2009》。

此外，本书对行业的分析基本上仅考虑“规模以上工业企业”。①

总体而言，贵州近年来工业经营绩效一直劣于全国平均水平，但部分行业绩效相对较好。表 4 – 1 表明，2009 年贵州食品制造、饮料制造（主要是以茅台酒为代表的白酒制造）、烟草加工三个行业总资产贡献率显著优于全国同行业平均水平；医药制造、仪器仪表及文化办公用机械制造

表 4 – 1　　贵州和全国规模以上工业总资产贡献率比较　　单位:%

行业	2002 年		2009 年	
	贵州	全国	贵州	全国
总计	7.10	9.45	10.69	13.44
煤炭采选业	4.78	6.61	15.88	17.20
食品加工业	31.75	7.60	14.26	17.93
食品制造业	16.08	9.33	33.34	18.96
饮料制造业	15.06	13.21	29.69	21.39
烟草加工业	27.39	47.51	82.07	70.64
化学原料及化学制品制造业	5.73	7.49	3.69	12.55
医药制造业	12.21	11.05	18.71	17.24
黑色金属冶炼及压延加工业	2.84	8.12	2.94	7.97
有色金属冶炼及压延加工业	7.19	6.83	2.06	10.72
金属制品业	5.48	8.69	3.33	13.68
普通机械制造业	1.07	8.00	13.24	13.16
专用设备制造业	-2.44	7.39	5.19	12.14
交通运输设备制造业	3.11	10.15	5.99	14.04
电气机械及器材制造业	3.40	8.92	10.13	14.25
电子及通信设备制造业	3.04	7.62	7.05	8.56
仪器仪表及文化办公用机械制造业	2.45	10.83	14.77	12.28
电力、蒸汽、热水的生产和供应业	5.89	7.54	5.06	6.04
贵州支柱产业合计	8.26	8.11	10.94	12.57
贵州装备制造	2.84	7.64	6.65	12.53

资料来源：《贵州统计年鉴》（历年）、《中国统计年鉴》（历年）。

① 或“国有及规模以上工业企业”，即国有及国有控股企业，以及年销售收入在 500 万元以上的其他经济成分工业企业。

业①总资产贡献率也略高于全国同行业水平；装备制造业总体效益较差。

贵州特色优势产业体系存在以下劣势：

第一，规模小，发展缓慢。

贵州工业存在的首要问题是规模太小：从表4－2可以看出，工业增加值在全国所占比重自新中国成立以来基本上维持在1%以下的水平；60年来最高比例达到1.32%（1982年），最低比例仅有0.44%（1974年）。

表4－2　　贵州与全国工业增加值对比（1952—2010年）　单位：亿元,%

年份	全国	贵州	贵州占比
1952	119.8	1.17	0.98
1955	191.2	1.86	0.97
1960	568.2	5.85	1.03
1965	546.5	3.96	0.72
1970	828.1	7.60	0.92
1975	1244.9	7.91	0.64
1978	1607.0	15.24	0.95
1980	1996.5	19.37	0.97
1985	3448.7	41.96	1.22
1990	6858.0	82.15	1.20
1995	24950.6	208.75	0.84
1998	34018.4	273.82	0.80
2000	40033.6	328.73	0.82
2005	77230.8	707.35	0.92
2006	91310.9	839.13	0.92
2007	110534.9	978.86	0.89
2008	130260.2	1195.30	0.92
2009	135239.9	1252.67	0.93
2010	160867.0	1516.87	0.94

资料来源：《新中国60年统计资料汇编》、《中国统计年鉴》（历年）、《贵州六十年：1949—2009》、《贵州统计年鉴》（历年）。

① 2002年贵州该行业总资产贡献率明显低于全国平均水平，绩效水平并不稳定。

从新中国成立以来，贵州和全国工业增加值增速比较来看（见图4-1），贵州的工业波动受全国总体形势的影响，贵州的波动比全国波动幅度更大。1953—2010年这58年中，贵州工业增速低于全国的有29年，其中改革开放前有16年，改革开放后有13年；以1999年作为西部大开发战略启动的分界线，贵州仍然在2000年、2007年和2008年工业增速低于全国平均水平。

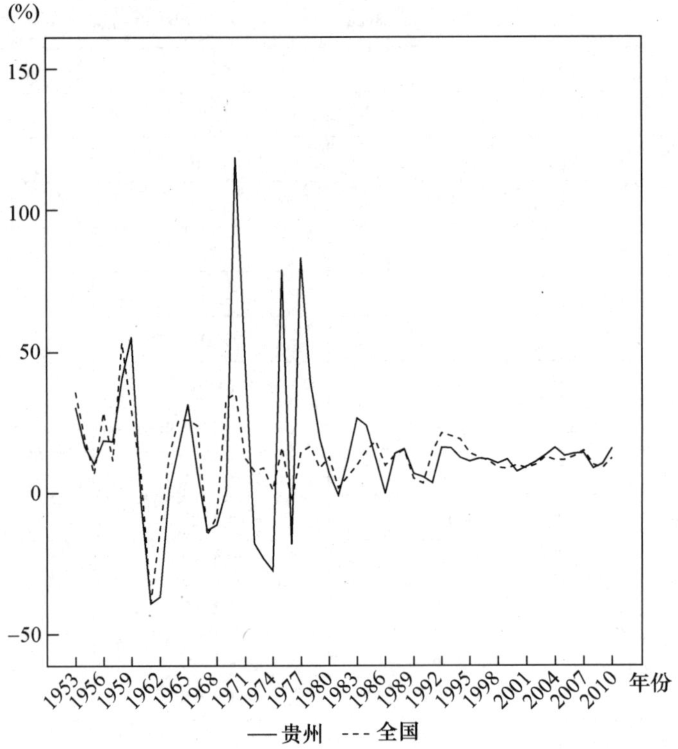

图4-1 贵州和全国工业增加值增速比较（1953—2010）

1952—2010年，贵州工业增速和全国相比明显偏慢，年均低0.54个百分点；在此期间全国工业增加值增长了541.42倍，而贵州仅增长了408.34倍，悬殊巨大，如表4-3所示。

表4-3　新中国成立以来各时期贵州和全国工业年均增速比　单位：%

时期	贵州	全国	贵州-全国
1952—2010	10.93	11.47	-0.54
1952—1964	6.80	12.03	-5.23
1964—1978	13.62	11.04	2.58
1978—1998	11.45	11.85	-0.4
1998—2010	11.14	10.77	0.37

资料来源：根据《新中国60年统计资料汇编》、《中国统计年鉴》（历年）、《贵州六十年：1949—2009》和《贵州统计年鉴》（历年）计算。增速按可比价格计算。

分时期来看，“三线建设”时期（1964—1978年）和西部大开发战略实施以来（1998—2010年）贵州工业增速显著加快，年均速度分别比全国快2.58个百分点和0.37个百分点，如表4-4所示。

表4-4　国有及规模以上非国有工业企业总产值

行业	1998年			2010年		
	贵州总产值（亿元）	全国总产值（亿元）	贵州占比（%）	贵州总产值（亿元）	全国总产值（亿元）	贵州占比（%）
煤炭采选业	16.85	1299.65	1.30	655.72	22109.27	2.97
饮料制造业	15.66	1579.86	0.99	227.04	9152.62	2.48
烟草加工业	101.38	1374.73	7.37	208.65	5842.51	3.57
电力	56.86	3616.81	1.57	913.38	40550.83	2.25
合计	190.75	7871.05	2.42	2004.79	77655.23	2.58

资料来源：《中国统计年鉴》（1999、2011）、《贵州统计年鉴》（1999、2011）。

可喜的是，西部大开发以来贵州能源、特色轻工产品等行业发展相对较好，在全国所占比例有所上升。

第二，产业链短，辐射带动作用不强。

虽然特色优势产业应发挥比较优势，充分利用本地资源，但贵州目前以煤炭、白酒、烟草加工和电力为代表的特色优势产业体系存在明显的产业链条短、对其余产业带动能力弱的问题。

贵州省委、省政府也意识到这一问题，提出要做大做强支柱产业，进一步增强电力、烟酒、装备制造、民族医药和特色食品及旅游商品等产业对工业经济增长的支撑能力；改造提升传统产业，切实提高煤炭、冶金、化工、建材等产业的竞争力；培育发展新兴产业，加快发展电子信息、新材料、生物技术、节能环保等产业。2010 年，贵州工业中以总产值计最大的五个行业依次为电力、煤炭、冶金、装备制造业[①]和烟草加工业；以增加值计最大的五个行业依次是：煤炭、电力、饮料、烟草和装备制造业。装备制造业 2010 年完成工业总产值 9.10 亿元，增加值 6.46 亿元，在贵州全部工业中分别占到 9.10% 和 6.46%，在全省所占比重近年来呈下降趋势，经营业绩不仅低于全省工业总体水平，也低于全国同行业水平。

也就是说，贵州的特色优势产业目前仍主要以煤炭、白酒、烟草加工和电力为主。这样的产业体系或者对资源依赖程度过高（如煤炭、电力、白酒），或者受全球发展趋势影响存在巨大不确定性（烟草行业受全球烟控形势影响较大），总体上可持续性、稳定性较差。如何能够尽快使煤、磷化工和铝加工等产业扩大规模、提高竞争力，是贵州特色优势产业体系打造的重点任务。

全国和国内经济发达地区改革开放以来的实践表明，民营经济是最适应市场经济体制、最具发展活力的成分；民营经济发展状况能够反映各地经营环境状况。2009 年，贵州民营经济增加值达到 1295 亿元，占全省地区生产总值的 33%，全国已经超过 50%；工业企业中非国有经济成分不足 20%，全国已经达到近 50%。

贵州民营经济发展慢的实质是改革开放不深入、市场经济体制不完善[②]。与我国整体社会主义市场经济体制改革发展的进程、水平相比较，贵州的市场经济改革发展大大滞后，资源配置效率低下，经济发展的活力和动力不足。国有经济依然保持资源垄断、政企联姻导致自身改革创新不足；行政管理“越位”、“错位”、“缺位”，权力交叉制衡，既得利益盘根错节，行政效能低下；民营经济夹缝中生存，地位不高门槛高，空间不大风险大，创业艰难；传统文化习俗思想观念深深影响着每一个行为主体，官本位思想，“长官”经济，封闭保守，法治不完善，信用不足，对新生事物新生力量排斥。在这样的现实情况下，加快贵州民营经济发展，

① 包括金属制品业、普通机械制造业、专用设备制造业、交通运输设备制造业、电气机械及器材制造业、电子及通信设备制造业、仪器仪表及文化办公用机械制造业 7 个行业。

② 栗战书在贵州全省加快民营经济发展暨表彰大会上的讲话。

必须要增强改革发展的顶层设计和战略谋划，从整体上对贵州经济改革发展进行系统思考、理性决断。

在市场化进程方面，贵州总体落后全国平均进程 3—4 年，这不利于本地优势的发挥、资源的利用，也很难吸引省外和国外的资源进入。

贵州省基础设施方面也存在短板。

铁路方面。贵州境内山高谷深，沟壑纵横，山地和丘陵面积占 92.5%。地形因素和技术条件等长期制约着贵州铁路的发展。党的十六大以来，我国铁路现代化建设事业迅猛发展，长昆高速铁路、贵广区际干线等一批铁路重点工程陆续开工建设，贵州铁路建设进入了快速发展的历史新时期。但总体上看，贵州铁路建设落后的面貌并没有得到根本改变，路网密度小、布局不完善、技术等级低、通过能力差、建设速度慢，甚至一些地区还不通铁路，与全省经济社会又好又快、更好更快发展的需要和全省各族人民的要求还很不相适应，迫切需要进一步加快铁路建设步伐。

公路和水路方面。全省公路通车里程从 2000 年年末的 3.46 万公里提高到 2010 年年末的 15.16 万公里，10 年时间增长了 3.38 倍，年均增长 15.92%，成绩喜人。但是，我们也应看到：全国等级公路 2010 年年末占公路总里程的 82.49%，贵州等级公路仅为 47.85%，和全国相比落后了 34.64 个百分点，全省交通路网升级改造任务依然繁重。除了公路技术标准低之外，公路通达深度低、通行能力差的问题也较为突出，特别是广大乡村交通问题非常突出，2010 年年底全省还有 3% 的乡镇和 70% 的建制村没有通油路；公路运营及养护管理总体水平低，制约运输服务水平的提高；运输通道建设明显滞后，不适应资源开发和外向型经济的发展要求；综合交通体系的建设发展缺乏统筹协调，交通枢纽站场建设滞后；运输服务质量低，交通信息化水平和应急保障能力亟待提高；货物运输组织与管理水平不高，物流体系建设滞后，现代物流业发展缓慢；对环境保护和资源节约重视不足，交通可持续发展能力较低。水运方面，2010 年年底贵州实际通航里程达 3563 公里，其中等级航道 2301 公里，占总航道里程的 64.58%；等外级航道 1262 公里，占总航道里程的 35.42%，基础薄弱，水运优势难以体现。

水利基础设施方面。贵州是工程性缺水十分突出的地区，也是生态环境比较脆弱的地区。特殊的省情和水情决定了水利在贵州经济社会发展、民生改善和生态环境建设中具有极其重要的战略地位。迄今为止，贵州有效灌溉面积占总面积的比例最低，不到全国平均水平的一半，农田水利基础设施仍然非常薄弱。由于水利建设欠账较多，2010 年年底全省还有 1300 万农村人口饮水安全得不到保障。

城市建设方面。全省的突出问题是城镇化程度低、城市基础设施落后。2010 年年末，全省城镇化率为 33.81%；同期全国城镇化率达到 49.95%，贵州落后全国平均水平 16.14 个百分点。城市公用事业建设方面，全省城市道路面积、公园和绿地面积等明显落后于全国平均水平（如表 4－5 所示）。

表 4－5　　贵州与全国城市公用事业对比（2010 年）

地　区	城市用水普及率（%）	城市燃气普及率（%）	每万人拥有公共交通车辆（标台）	人均城市道路面积（平方米）	人均公园绿地面积（平方米）	每万人拥有公共厕所（座）
全　国	96.7	92.0	9.7	13.2	11.2	3.0
贵　州	86.5	54.5	4.9	6.2	5.3	2.1
贵州/全国（%）	89.47	59.21	50.52	47.16	47.67	69.87

资料来源：《中国统计年鉴》（2011）、《贵州统计年鉴》（2011）。

能源方面。煤炭产业仍存在一些突出矛盾和问题：煤炭勘探程度低，资源情况有待进一步探明；产业结构不合理，小煤矿数量多，技术装备落后，总体生产力水平低；环境破坏严重，地质灾害程度深，资源利用率低，保障煤炭发展的公路、铁路、双电源建设等基础设施建设滞后，煤层气开发利用滞后。贵州是典型的“富煤贫油”省，能源消费结构单一，由于缺乏石油、天然气等资源，能源消费主要依赖煤炭的局面难以改变；虽然贵州电力发展迅猛，但受电网装机容量不足、配套电煤基地建设相对滞后、枯水期等原因影响，电力供需矛盾依然存在。

交通运输和物流方面。全省交通等基础设施建设滞后，还不适应现代物流发展的要求，物流业基础设施落后，综合性货运枢纽、物流中心建设发展缓慢。物流企业规模小，实力弱，物流的专业化、社会化程度低，发展方式比较粗放，功能较单一，服务质量和效率难以满足社会化物流的需要。现代物流人才匮乏，标准化、信息化水平偏低。一些制约物流业发展的体制机制障碍还比较突出，扶持物流产业发展的政策支持力度和投资不足，第三方物流所占比重小，物流技术装备水平低，物流成本高，经济效益较差①。

信息化建设方面。2000—2009年贵州信息化指数（IDI）一直维持在第29、30位②，2009年全省信息化基础设施指数位居倒数第二，略高于西藏。

综合来看，贵州的主要优势在于煤、磷、铝等矿产资源方面具备一定优势，烟酒产业特色较为突出，产品竞争力较强；劣势主要体现在基础设施薄弱、科技教育事业不发达、产业总体发育度较低，有限的优势资源未能得到充分利用。

二　重要机遇

贵州和西部其他一些地区经济社会发展落后，与东部地区发展水平的差距仍然较大，基础设施落后、生态环境脆弱的"瓶颈"制约仍然存在，仍然是我国全面建设小康社会的难点和重点。但也面临难得发展机遇：在世界经济格局深刻变化的新形势下，扩大内需是我国经济发展的长期战略方针和基本立足点，贵州战略资源丰富、市场潜力巨大的优势进一步凸显；国内经济结构深刻调整，经济发展方式加快转变，为贵州承接产业转移和构建现代产业体系创造了有利条件；贵州投资环境和发展条件不断改善，为实现又好又快发展奠定了基础；我国综合国力显著增强，有条件、有能力也有必要继续加大对包括贵州在内的西部地区的支持力度。

《中共中央国务院关于深入实施西部大开发战略的若干意见》明确，西部大开发在我国区域协调发展总体战略中具有优先地位，在构建社会主义和谐社会中具有基础地位，在可持续发展中具有特殊地位。深入实施西部大开发战略，是应对国际金融危机冲击，保持我国经济平稳较快发展的重要举措；是有效扩大国内需求，拓展我国发展空间的客观需要；是构建国家生态安全屏障，实现可持续发展的重大任务；是不断改善民生，增进民族团结和维护社会稳定的重要保障；是缩小地区发展差距，实现全面建设小康社会奋斗目标的必然要求。西部地区的繁荣、发展和稳定，事关各族群众福祉，事关我国改革开放和社会主义现代化建设全局，事关国家长治久安，事关中华民族伟大复兴，不仅具有重大的现实意义，而且具有深

① 《贵州省贯彻落实〈物流业调整和振兴规划〉工作方案》。

② 统计科研所、信息化统计评价研究组：《"十一五"时期中国信息化发展指数（IDI）研究报告——中国信息化发展水平的监测与评估》，《中国信息界》2010年第12期。

远的历史意义。

国务院西部开发领导小组办公室等部门2006年颁布的《关于促进西部地区特色优势产业发展的意见》为加快西部地区特色优势产业发展，优化产业结构和布局，增强西部地区自我发展能力进行了具体部署。

近年来，通过多方努力，贵州省交通条件明显改善，交通落后的“瓶颈”制约正在被逐步打破，但水利对经济社会发展的支撑能力、生态环境对经济社会发展的承载能力明显不足，仍是制约贵州省工业化、城镇化和农业现代化的两块“短板”。在交通建设有所突破之后，有必要加大支持力度，帮助贵州省尽快突破水利建设、生态治理等制约因素，努力实现经济社会的跨越式发展和可持续发展，缩小区域差距和城乡差距，让贵州省各族人民同全国人民同步迈入全面小康社会。在中央的关怀下，《贵州省水利建设生态建设石漠化治理综合规划》于2011年7月正式颁布实施，为贵州水利、生态和石漠化“三位一体”统筹治理提供了难得的机遇。

《武陵山片区区域发展与扶贫攻坚规划》已经出台，中央对武陵山区、乌蒙山区、滇桂黔石漠化区等连片特困地区扶贫开发工作高度重视，也特别提出要增强扶贫对象的自我发展能力。

2012年1月12日，《国务院关于进一步促进贵州经济社会又好又快发展的若干意见》正式公布，从全国发展大局出发，紧紧抓住贵州经济社会发展的重点领域和关键环节，牢牢把握长期制约贵州发展的“瓶颈”和“短板”，对贵州在全国的战略定位和交通、水利、工业化、城镇化、农业现代化、扶贫开发、社会事业、改革开放等重点发展任务作了全面部署，从财税、投资、产业、土地、人才、对口支援等方面提出了一系列突破性支持政策，内容涵盖全省经济社会发展的各个方面，实施项目明确、支持政策具体、可操作性强、支持力度大。是首个从国家层面全面系统支持贵州的综合性政策文件，是指导当前和今后一个时期全省经济社会发展的纲领性文件，充分体现了党中央、国务院和国家各部门对贵州的极大关怀、高度重视和大力支持，对于贵州紧紧抓住深入实施西部大开发战略机遇，以加速发展、加快转型、推动跨越为主基调，大力实施工业强省战略和城镇化带动战略，加快推进“三化”同步，与全国同步建成全面小康社会，具有重大而深远的意义。

综合来看，前一阶段的西部大开发更多地注重“打基础”，目前已转入以“富民”为核心的加快经济发展阶段。国际、地区间产业结构调整与转移速度加快，全球金融危机后经济振兴和扩大内需为贵州自我发展能力增强提供了重要机遇。中央政府突破性支持政策将助力贵州“加快发展、加快转型、推动跨越”。

三　挑战与危机

面对下一个十年的西部大开发和全面建设小康社会的奋斗目标，在国际、国内市场竞争日趋激烈的环境下，贵州所面对的挑战和危机也较为严峻。

（一）基础设施建设所引发的挑战与危机

1999年以来，贵州的交通运输基础设施建设成就斐然，但相对于周边的重庆、四川、湖南、云南、广西等地而言差距仍然较大。贵州因交通建省，“三线建设”时期也曾成为西南地区陆路交通枢纽。但是，目前的交通运输基础设施相对薄弱决定了贵州与其他省份交易成本相对高昂、难以融入外部区域分工，存在被边缘化的趋势。另外，以交通为代表的基础设施建设对经济社会发展既有积极影响，也存在带来不利影响的一面：交通运输的便利有可能导致本地资源更容易流向外地。

（二）劳动力外流问题

由于贵州适宜于耕种的土地不足，第一产业劳动力容纳有限；工业发展不充分，本地工业企业劳动力吸纳能力有限；由于工业不发达，资金积累不足，本地具备一定优势的旅游资源开发不足，以旅游业为主的服务业发展不足，服务业就业空间亦不理想，导致大量劳动力外流[①]。劳动者选择能够发挥自身作用的地区和岗位是市场经济条件下的必然结果，这是提高劳动者收入水平的必然选择。但是，大量劳动力外流导致家庭成员分离会产生一系列社会问题；青壮年劳动力、具备一定文化水平和技术水平的劳动力大量外流对本地发展产生不利影响。

（三）2020年如期实现全面小康社会建设目标难度极大

目前（2012年），贵州全面小康社会建设实现程度和全国平均水平相比大约落后8年，距离2020年也只剩下8年，在未来的8年中贵州既要补上落后8年的差距，又要赶上全国未来的前进速度，难度之大可想而知。

（四）扶贫开发工作面临的挑战

50个国家重点扶贫县、1500多万贫困人口、贫困发生率是全国的4

---

① 前面已经述及，2009年全省净外流人口达554万人，占全部户籍人口的13.54%。

倍以上、大量的贫困人口生活在生态环境极其脆弱的深山区，这就决定了贵州扶贫开发工作的艰巨性和2020年前稳定实现扶贫对象“两不愁、三保障”目标（不愁吃、不愁穿，保障其义务教育、基本医疗和住房）的难度。贵州是全国贫困问题最为突出的省份，扶贫开发工作难度之大也是全国罕见。例如，为从根本上解决贫困人口的发展问题并结合“两江”（长江和珠江）上游生态环境保护与建设的需要，到2015年，贵州需对居住在深山区、石山区、高寒山区和地质灾害易发区35万户150万农村贫困人口实施生态移民，这一移民规模超过十余年间三峡库区移民总量。

（五）工业强省与生态和环境保护之间的矛盾

贵州产业发育层次极低，工业化发展极不充分。工业化是现代化不可逾越的阶段、是现代化的核心，贵州必须经由工业化的充分发展才能够实现现代化，这是不容回避的现实。但与此同时，贵州地处“两江”上游，生态地位极端重要；贵州又是喀斯特地形最为典型的地区，石漠化问题极为突出。在发展工业化与环境保护与建设之间存在一定的矛盾。

基于本节以上分析，本书认为：中央对贵州经济社会发展的高度重视是目前贵州加快发展最大的历史机遇；贵州应抢抓历史机遇，加快基础设施建设，破解资金制约，迅速实现特色优势产业体系发展壮大，将资源优势转化为经济优势，在产业规模快速膨胀的基础上推动经济社会的全面发展。

第二节　贵州自我发展能力诊断

一　基本判断

根据上述分析，可以对贵州自我发展能力作如下基本判断：

（一）除自然资源以外，贵州在大多数领域均处于落后水平

贵州大多数干部群众始终认为本地自然资源优势明显，实际上综合考虑资源的开采、运输、加工成本和环境治理成本等因素之后贵州人均资源价值在西部仅处于中等水平，优势并不明显。西部大开发战略实施以来，包括贵州在内的西部各地在中央政府的大力支持下经济社会发展总体较快，但和西部其他地区相比贵州的发展相对滞后，城乡居民收入水平增长相对缓慢。

（二）从当前形势看，贵州走出“贫困恶性循环”的基础尚不具备

贵州人均固定资本存量不到全国平均水平的三分之一，不足西部平均水平二分之一，位居全国倒数第一，西部大开发以来人均资本存量年均增长速度也显著低于全国平均速度和西部平均速度；金融发展在西部处于中等偏下的水平；以交通为代表的基础设施水平仍低于西部和全国平均水平。

（三）长期发展潜力堪忧

虽然在中央的大力支持下贵州教育事业近年来发展很快，但仍相对滞后，人均受教育年限总体维持在西部第十的较低水平；科技方面，贵州人均R&D投入和人均发明专利获得量均约为全国平均的五分之一左右和西部的二分之一左右，对经济和社会发展的支撑能力较弱。

（四）发展可持续性不强

贵州的宏观税负过高，这势必会影响企业的生存和发展，也影响到省外企业到贵州的投资积极性；贵州的能源消耗强度近年来虽有所下降，但2009年仍是全国平均水平的2.08倍，在西部地区基本处于第二、第三位；污染物排放达标率和综合利用率指标表明，贵州和全国平均水平相比差距很大，在西部总体上也处于落后水平。

（五）制度环境不佳

贵州的市场化进程仍显著落后于全国总体水平，与西部平均水平相比差距也仍然较大；对外开放方面，贵州与全国和西部一般水平相比显著落后；囿于财政实力等因素，贵州公共服务水平相对较低，卫生服务能力长期处于西部和全国最低水平，但和全国平均水平相比差距在不断缩小。

二　主要症结

贵州的落后存在诸多原因，但有一点是很重要的：贵州未曾达到过罗斯托等学者所认为经济起飞的临界条件。

（一）贵州始终缺乏强大的主导产业体系

自然条件远不如贵州的瑞士之所以经济发达，与其能够拥有发达的金融、精密机械制造和食品加工业有关。贵州在历史上不曾有过能够在国内外拥有较大市场份额、技术发达、获利能力较强的产业。以茅台酒为代表的白酒业也只是近年来才逐步取得较好发展，但因技术特点难以快速做大。历史上的贵州交通极不便利，市场狭小限定了分工的深化和技术的引进；特定的民族文化传统使得本地大多数居民和企业缺乏主动走出去的意识，小富即安倾向较重。抗战内迁带来的机会因战乱时期未能创造条件使

企业和学校留下来并使之生根发芽；“三线建设”的项目主要与战备有关，相关企业不仅与当地关系不大，而且由于按照“山、散、洞”（靠山、分散、进洞）的方针进行布局未能形成合力；西部大开发战略启动至今贵州的主导产业主要是煤炭、电力、磷铝粗加工等产业链条短、附加值不高的产业，这样的产业体系难以为4000万居民带来持续的经济繁荣。

（二）资本规模过小

由于本地缺乏能够创造持续、可观的收益，难以形成足够的资本积累；中央政府虽一直少取多予进行扶持，但扶持力度难以达到令其迅速改变面貌的水平；投资环境不佳使得外部企业进入的动力不足；投融资体系落后、融资渠道不畅，发展资金不足。贵州所处的发展阶段决定了其对资本的严重依赖，但本地长期以来资本形成速度较慢，难以助推贵州达到或突破经济起飞的临界水平。

（三）市场化体制进程滞后，公共服务水平低下

我国的市场化体制改革主要是自上而下由政府逐级推进、先试点后推广，在按照东、中、西三级逐步推进过程中贵州处于相对靠后位置，改革过程中阻力较大、推进不够有力。在改革开放30多年后的今天，贵州依然是国有经济依然占据绝对主体，国有经济维持对资源的垄断、政企分离改革滞后，行政管理“越位、错位、缺位”较为严重，行政效能低下；民营经济发展困难、创业维艰；传统文化习俗思想观念影响较深，官本位思想严重，封闭保守、法治不完善、信用不足、对新生事物新生力量排斥倾向较重①。

发展经济学认为，资本积累的迅速扩大、主导产业快速形成和壮大、综合配套体制变革等条件是经济起飞的必备条件，这是难以摆脱贫困恶性循环的症结所在，也是本书需要破解的重点。

第三节　增强贵州自我发展能力的路径选择

根据上一章量化测评结果，结合本章的SWOT战略分析与基本诊断，本书认为贵州增强自我发展能力的主要路径：一是要充分发挥资源富集的

① 栗战书2011年3月28日在贵州全省加快民营经济发展暨表彰大会上的讲话。

比较优势，实施发挥优势战略，培育和发展特色优势产业体系，通过经济结构调整和自主创新，大力增强“造血”机能，着力提升电力、烟草、煤炭和饮料行业以及文化旅游等优势产业竞争力，并积极发展战略性新兴产业，实现特色优势产业体系向现代产业体系的转变。二是要直面落后和贫困的现实，实施克服劣势战略，通过连片扶贫开发、基本公共服务均等化、推进“三化”同步等重大举措，着力培育贫困地区自我发展能力，努力实现贫困地区跨越式发展，实现脱贫致富，推进贫困地区和全国同步实现小康。

一 加快打造特色优势产业体系

贵州目前以电力、烟草、化工、煤炭、白酒、烟草加工为代表的特色优势产业体系存在明显的产业链条短、对其余产业带动能力弱的问题。发挥比较优势，形成竞争优势，做大做强支柱产业，打造现代特色优势产业体系已成为增强贵州自我发展能力的不二路径。

构建贵州特色优势产业体系重点应关注以下几个方面：

第一，立足比较优势与竞争优势并重，科学选取特色优势产业作为主导产业，依托现有支柱产业，形成产业集群，打造主导产业体系。

第二，必须遵循工业化带动城镇化、城镇化促进工业化原则，以主导产业为导向设立产业集聚园区，将工业特别是制造加工业与生产性服务业紧密结合，加大产业迂回度、拉长产业链条，强化产业的集聚发展。

二 着力培育贵州新兴产业体系

在加快打造以电力、烟草、煤炭和饮料行业为代表的特色优势产业体系的同时，贵州还应未雨绸缪着眼未来的可持续竞争优势的培育。这就要求贵州以文化旅游产业、高新技术产业、战略性新兴产业为重点突破口，加快培育形成新兴产业体系，实现特色优势产业体系向现代产业体系的转变。

随着我国城乡居民收入水平的逐步提高，国民休闲旅游及文化体验需求显著增加。贵州具有丰富的自然旅游资源和民族文化旅游资源，旅游业发展大有可为。随着贵州经济实力的增强和社会发展，本地旅游基础设施不断完善、旅游行业人员素质不断提高，贵州旅游业发展活力进一步显现，必将成为贵州培育竞争优势的主要突破口。

高新技术产业与战略性新兴产业的发展壮大是增强国家未来综合国力的重要组成部分，也是黔中经济区产业的重点发展方向，更是贵州培育竞争优势增强自我发展能力的重点。贵州应依托航天航空工业、电子信息、高端装备制造业、磷化工等已有基础，不断深化体制改革，打破军民分割和部门分割现状，推动军民技术、军民产业的双向自由流动，促进军民配合加大创新技术应用，在节能环保、新能源、新材料、生物医药、信息等产业形成突破，培育新兴战略性产业集群，促进新兴产业体系的形成。

三　努力实现省内贫困地区的跨越发展

对贵州而言，一些贫困地区生态环境和自然资源具有一定的优势，下一步应在改善基础设施点的基础上推广先进实用技术，扶持当地特色支柱产业发展壮大，发挥扶贫龙头企业、行业协会等组织的带动作用，可以帮助贫困农户发展生产、自谋出路；运用产业政策引导和支持企业到贫困地区投资兴业，能够为贫困农户提供就业渠道、增加收入。具体地，贵州的绿色有机蔬菜种植、特色林果产业、草地生态畜牧业、地道中药材生产加工业、绿茶产业和特色养殖业等基础相对较好，发展前途较广。通过培育和扶贫龙头企业集群，大力扶持产业关联度大、市场竞争力强、辐射带动面广的特色农产品加工、流通企业，延长产业链，形成各具特色的扶贫产业基地和扶贫产业加工集群，能够为贫困地区增强自我发展能力提供坚实的产业支撑。

第五章　打造贵州特色优势产业体系

发挥比较优势，发展特色优势产业，是增强自我发展能力的主要途径。通过对贵州特色优势产业的遴选，依靠现有支柱产业的基础，规划主导产业发展，打造具有贵州特色的现代产业体系，是贵州增强自我发展能力的重中之重。

第一节　贵州特色优势产业的选取

一　贵州工业化水平判断

综合本书关于贵州工业化进程的分析以及关于贵州工业发展总体情况的分析，总体上贵州仍处于波特划分的生产要素导向阶段，产业主要依赖于自然资源开采和粗加工、特色轻工产品加工，工业结构相对较为简单也较为初级。

尽管有些研究曾经判断贵州已经进入工业化中期发展阶段，但是本书经过全方位分析认为贵州工业化发展水平较低：一是因为贵州的工业增加值占 GDP 的比重及人均工业增加值在全国和西部仅高于西藏排序倒数第二，是全国和西部工业发展最不充分的省份；二是从工业结构和产业体系看，资源初级加工产品及轻工业产品为主的工业门类结构属于工业化初期的典型特征；工业总体呈现总量小、速度慢、链条短、能耗高、附加值低、带动力小的特点，尚未形成主导产业体系；三是国有工业占比过大，民营企业过于弱小表明工业化自发演进能力较弱。因此，本书判断贵州尚处在工业化初级阶段，或者说尚未完全达到罗斯托所谓的经济起飞的临界条件。

这一判断表明，贵州特色优势产业体系的打造应该遵循工业化初期产业发展的规律，而不应过分追求高、精、尖的新兴产业布局。

二　贵州特色优势产业选取

“十五”以来，贵州工业保持较快增长，结构调整取得积极成效，奠定了一定的工业基础，形成了一批特色优势产业，工业在经济社会发展中的地位和作用日益突出，已逐步成为推动本地经济增长的主要动力。但是工业的差距却是贵州经济社会发展与全国包括西部省份差距不断扩大的主要原因。鉴于此，从2009年起，贵州省委、省政府决定实施工业强省战略，加快推进贵州新型工业化，带动三次产业加快提速、协调发展。在重点产业选择上，贵州省委、省政府提出要壮大“八大支柱”，打造“五大基地”。壮大“八大支柱”的目标是：到2015年，电力、煤炭、冶金、有色、化工、装备制造、烟酒、民族医药和特色食品及旅游商品为主的特色产业八大支柱产业产值分别超过1000亿元。打造“五大基地”就是要力争用5—10年时间，把贵州建成国家重要能源基地、资源深加工基地、国家优质轻工产品基地、装备制造业基地、战略性新兴产业基地。根据《中共贵州省委贵州省人民政府关于实施工业强省战略的决定》，贵州省人民政府在《贵州省工业十大产业振兴规划》进一步明确了“八大支柱”和“五大基地”建设目标的发展重点和具体实施措施。

政府层面的工业强省举措与“八大支柱”和“五大基地”建设目标给本书的研究提供了有益的参照。但有必要从理论层面按照特色优势产业的比较优势与竞争优势并重之界定标准进一步展开分析和验证，找出符合贵州省情的特色优势产业。

首先考察2009年贵州规模以上的工业结构，如表5－1所示。

表5－1　　2009年贵州规模以上工业结构　　单位：%

行业	工业总产值	工业增加值	利税总额	从业人员
总计	100.00	100.00	100.00	100.00
采矿业	12.74	15.47	20.30	31.77
煤炭开采和洗选业	11.76	13.54	18.89	30.40
黑色金属矿采选业	0.18	0.45	0.22	0.39
有色金属矿采选业	0.17	0.18	0.14	0.40
非金属矿采选业	0.62	1.29	1.05	0.59
制造业	62.32	60.89	68.99	59.45
农副食品加工业	2.02	1.22	0.90	1.56

续表

行业	工业总产值	工业增加值	利税总额	从业人员
食品制造业	1.17	0.80	2.16	1.04
饮料制造业	5.22	9.60	20.37	3.63
烟草加工业	5.34	10.00	24.61	1.92
纺织业	0.11	0.08	0.00	0.61
纺织服装、鞋、帽制造业	0.10	0.07	0.05	0.32
皮革、毛皮、羽毛（绒）及其制造业	0.04	0.04	0.00	0.01
木材加工及木、竹、藤、棕、草制品业	0.69	0.58	0.29	0.93
家具制造业	0.01	0.00	0.00	0.03
造纸及纸制品业	0.50	0.37	-0.34	0.48
印刷业、记录媒介业	0.37	0.35	0.71	0.45
文教体育用品制造业	0.03	0.02	0.04	0.09
石油加工、炼焦及核燃料加工业	1.86	2.08	1.06	1.52
化学原料及化学制品制造业	8.27	6.11	2.44	7.23
医药制造业	4.40	5.13	4.39	3.12
化学纤维制造业	0.00	0.00	0.00	0.00
橡胶制品业	1.96	1.21	1.83	1.64
塑料制品业	0.66	0.51	0.37	0.81
非金属矿物制品业	3.93	3.22	2.33	7.10
黑色金属冶炼及压延加工业	9.63	6.49	1.14	7.60
有色金属冶炼及压延加工业	4.99	4.96	0.75	4.40
金属制品业	1.40	0.55	0.31	2.11
通用设备制造业	0.75	1.09	0.83	1.36
专用设备制造业	0.93	0.91	0.49	1.24
交通运输设备制造业	4.18	2.49	2.32	6.82
电气机械及器材制造业	1.91	1.24	0.72	1.11
通信设备、计算机及其他电子设备制造业	1.12	1.03	0.73	1.24
仪器仪表及文化、办公用机械制造业	0.25	0.23	0.27	0.39
工艺品及其他制造业	0.45	0.53	0.22	0.64
废弃资源和废旧材料回收加工业	0.00	0.00	0.00	0.01
电力、燃气及水的生产和供应业	24.95	23.63	10.71	8.79

资料来源：《贵州统计年鉴（2010）》。

从工业增加值来看，电力、燃气及水的生产和供应业（简称“电力”）、煤炭开采和洗选业（简称“煤炭”）、黑色金属冶炼及压延加工业（简称“冶金”）、化学原料及化学制品制造业（简称“化工”）和烟草加工业是最大的5个行业；从工业增加值所占比重看，电力、煤炭、烟草、饮料（主要是白酒）和冶金是最大的5个行业；从各行业实现利税总额看，烟草、饮料、煤炭、电力和医药位居前五；从提供的就业岗位看，煤炭、电力、冶金、化工和非金属矿物制品业（简称“建材”）是最大的5个行业。

综合判断，可以电力、烟草、煤炭和饮料四个行业作为贵州特色优势产业的代表。2009年，上述四行业占全省工业总产值的46.64%、就业人数的43.64%、利润总额的71.26%、占用总资金的55.77%、总资产贡献率是全部工业平均水平的1.31倍，如表5－2所示。

表5－2　2009年贵州规模以上工业中四大特色优势产业规模

行业	总产值（亿元）	就业人数（万人）	利润总额（亿元）	主营业务税金及附加（亿元）	本年应交增值税（亿元）	资金合计（亿元）	总资产贡献率（%）
总计	3426.69	74.97	191.73	123.13	155.74	5066.17	10.69
四行业合计	1598.18	32.72	136.63	111.00	102.37	2825.60	14.00
电力、热力的生产和供应业	832.87	5.77	11.91	4.44	33.12	1766.75	5.06
烟草制品业	183.12	1.44	19.65	77.45	18.69	141.84	822.07
煤炭开采和洗选业	403.15	22.79	40.32	15.1	33.45	597.92	15.88
饮料制造业	179.04	2.72	64.75	14.01	17.11	319.09	29.69

资料来源：根据《贵州统计年鉴》（2010）计算。

从发展速度看，2005—2009年，全省规模以上工业总产值从1690.40亿元增加到3426.69亿元，按可比价格计算年均增长17.21%。四大特色优势产业总产值从700.35亿元增加到1598.18亿元，年均增长19.12%。四大产业中煤炭、饮料增速明显快于全部工业门类，如表5－3所示。

表 5-3 2005—2009 年四大特色优势产业增加值增速

行业	2005 年总产值	2009 年总产值	2005—2009 年均增长
规模以上工业总计	1690.40	3426.69	17.21
四产业合计	700.35	1620.15	19.12
电力	419.12	854.84	16.79
烟草	114.24	183.12	11.99
煤炭	105.97	403.15	27.73
饮料	61.02	179.04	28.96

资料来源：根据历年《贵州统计年鉴》、《中国统计年鉴》和《中国工业经济统计年鉴》计算。增速按可比价格计算。

综上所述，电力、烟草、煤炭和饮料四个行业增速较高、效益较好，而且能够发挥贵州本地资源优势，具有较好的发展基础。所以，本书在政府确定的“八大支柱”产业基础上进一步确定电力、烟草、煤炭和饮料四行业作为现阶段贵州特色优势产业。

三 贵州与西部其他地区特色优势产业比较

特色优势产业选择既要立足比较优势（特色）又要注重竞争优势（优势）。西部各省特色优势产业在西部大开发战略实施以来均取得较快发展，但市场竞争力表现各异。为了进一步深入了解西部各地特色优势产业在经济发展中的作用和各自在市场竞争中的表现，本书结合统计数据资料和各地实际工作重点，通过各地主要产业的相对规模、经营绩效的比较，挑选出西部各省的比较优势产业①，对各地比较优势产业 2005—2009 年间的发展势头和各自在市场竞争中的表现进行了基本分析（参见附录）。

分析表明，西部特色优势产业总体上主要是矿产资源开采和初加工、农副产品加工、特色装备制造等，这些产业大多属于资源依赖性产业，能够发挥当地比较优势且具备良好的基础和竞争性，也符合中央对西部特色优势产业发展的指导意见。但其缺点也是明显的，即资源依赖性、资本密

① 本文选取西部各地特色优势产业的基本标准是既考虑产业的规模总量也兼顾产业的绩效；还需说明的是：每一省区选择四个特色优势产业的原因主要是参照产业经济学分析的惯例，即 CR4 或 CR8。鉴于本文研究的实际，特选取 CR4 即综合排名前四的特色优势产业作为研究样本。

集型、产品附加值低、集团化经营和国有化特色明显，资源产品价格波动受世界经济形势影响大，对就业拉动不明显，在集团化布局中处于低端和被动地位。总体上存在可持续发展能力不强的隐患。

比较贵州与西部各地的特色优势产业，电力、烟草、煤炭和饮料四个行业作为贵州特色优势产业，部分产品如“茅台酒”、“黄果树香烟”等具有独特性和不可替代性。但贵州特色优势产业在获得较快发展的同时，总资产贡献率位居西部第六，属中等水平；各产业与全国同行业平均水平相比除烟草外其余三个行业绩效均低于全国同行业平均水平，优势并不明显。2005—2009 年间，贵州规模以上工业总产值年均增速达到 17.21%，和全国同期相比低 2.13 个百分点，在西部仅高于西藏、云南和甘肃，不及内蒙古的一半。从我们所选择的特色优势产业看，贵州以年均 19.12% 的增速位居第七。

综合上述，贵州应以电力、烟草、煤炭和饮料四个特色优势行业为基础，尤其要重视增速较快且极具带动潜力的煤炭和饮料（白酒）行业为目标，围绕以煤炭资源为依托的煤化工、煤电、煤炭能源等产业以及以“茅台酒”为龙头的白酒行业，强化现有基础、拓展产业链条、完善产业布局，并据此培育区域主导产业带动全省现代产业体系的构建。只有坚持发挥比较优势和竞争优势并重，才能在竞争中获得更大的利益；以更好更快的速度发展，获取更高的经济增长速度，解决就业问题、提高财政收入，从而增强贵州自我发展能力。

第二节　构建贵州特色优势产业体系

一　基本途径

《国务院关于进一步促进贵州经济社会又好又快发展的若干意见》要求，贵州要按照市场需求导向、发挥资源优势、优化空间布局、促进转型升级的要求，坚定不移地走新型工业化道路，加快构建现代产业体系。贵州所确定的“工业强省”战略抓住了贵州自我发展能力的“短板”，明确了未来努力方向。增强贵州自我发展能力，需要全面实施工业强省战略，以市场为导向、企业为主体，发挥政府宏观调控和服务职能。立足比较优势、逐步形成和增强竞争优势，需要贵州当前要以尽快扩大产业规模为重点，在规模扩大的过程中优化结构；必须走新型工业化道路，推进节能减排，促进可持续发展；以提高自主创新能力为着力点，着力推进科技创新和技术进步，改造提升传统产业，发展壮大支柱产业，大力发展高新技术产业和战略性新兴产业。

贵州目前仍处于工业化初期，工业虽然也存在结构不够合理的问题，但首要问题还是基础薄弱、总量严重不足。未来一段时期特色产业体系构建的基本途径是①：补上工业发展不足的历史欠账，实现工业规模的显著扩大；在扩大产业规模的过程中，按照科学发展观的要求，走新型工业化道路，逐步调整和优化产业结构、实现转型升级、塑造竞争优势；统筹省内各地实际情况和发展结局，完善生产力的区域布局，在塑造黔中经济区区域增长的同时努力实现区域协调发展；强化企业创新能力，以创新带动全省产业整体竞争力的提升。在此过程中，优先解决总量问题，科学对待结构问题、布局问题和发展动力问题，依靠转变产业发展方式，实现新型工业化。

鉴于贵州特殊的生态地位和脆弱的生态环境现实、为有效应对全球气候变化承担应有的责任，必须以生态文明理念引领产业发展。在发展工业的过程中必须高度注重资源节约和环境保护，绝不能以牺牲环境、破坏资源为代价发展经济，确保两江上游生态安全。

二　产业集聚与园区建设

前面文献述评部分已经述及，产业集聚规模和效率是决定区域发展水平的直接原因，各地发展实践也充分表明，经济发展水平较高的地区也通常是产业集聚较为明显的地区。为有效节约基础设施建设投入，有效治理企业污染物，促进能源、土地和水资源节约集约利用，为实现集群发展、聚集发展、节约发展和可持续发展，必须以园区为载体实现产业的合理布局。园区建设和产业集聚发展在很大程度上是同一问题的两个方面。

就全省而言，贵州目前除了极少数地区产业集聚效应较为明显外（如仁怀市等地的酱香型白酒、贵阳市清镇和乌当的医药制造等），总体上缺乏在国内外具有较大影响力产业集聚中心。产业园区（聚集区）水、电、气、通信等基础设施不完善，承载产业转移的能力不足。有特色、有核心产业支撑的园区较少，没有形成以骨干龙头企业为核心，众多配套企

---

①　本部分参考了栗战书同志2010年10月26日在贵州工业发展大会上的讲话。

业为支撑的产业链和产业群，园区产业要素竞争力不明显、不完善，难以形成集聚效应。产业集聚效应不显著必然导致企业间交易成本较高、外部规模效应难以形成、物流成本上升等不利局面出现。

尽管自2010年以来，工业主管部门已经意识到了推动产业集聚、形成集约发展和加快园区建设的重要性。但是，特殊的地质地理条件决定了贵州可供大规模园区建设的土地有限；受“三线建设”时期产业布局影响，再加上早期缺乏科学、系统规划，全省目前的企业分布较为零散。所以未来时期需要加强规划管理，按照资源共享、产业集群、集约发展的要求，结合各地国民经济和社会发展规划、城市总体规划、土地利用总体规划、环境保护规划、主体功能区规划等规划思路，按照“科学规划，合理布局，因地制宜，配套建设”的原则，科学制定产业园区控制性详细规划。在此基础之上，推动优势产业、优势企业、优势资源和要素保障向产业园区集中；强化集约发展，提高土地、能源等利用效率；突出特色发展，明确园区主导产业；加快园区基础设施建设，为企业进入园区和招商引资项目落地提供较好的平台；重视和加强产业园区公共服务平台建设；大力发展循环经济，推动资源利用效率提高和污染物排放减少。

三　打造特色优势产业体系

贵州特色优势产业体系构建思路需考虑以下几点：

第一，立足比较优势，也就是“特色”问题。贵州目前的比较优势很有限：自然资源相对丰富；电力、烟酒、有色等产业具备一定的发展基础；劳动力相对廉价，但整体素质不高。总体来看，特色并不十分突出。

第二，着眼竞争优势，也就是“优势”问题。前面特色优势产业对比结果表明，2009年贵州工业企业总资产贡献率相当于全国平均水平的79.54%，在西部位居第九；以电力、烟草、煤炭和饮料四个行业作为贵州特色优势产业的代表，其中烟草行业绩效水平高于全国同行业平均水平，但其余三个行业绩效均低于全国同行业平均水平，烟草行业受全球烟控形势影响进一步发展空间有限。所以主要行业优势并不明显。

第三，既着眼当前，也要以动态、发展的眼光看待特色优势产业体系。产业发展现状受历史因素影响，贵州目前的产业特色不充分、优势不明显局面既和贵州特殊的地理条件有关，也和以往的发展理念有关。到目前为止，贵州干部群众中仍有很多人将发展工业与污染和环境破坏等同，认为发展农业和旅游业才有利于环境保护。实际上，如果按照科学发展观要求，走新型工业化道路，工业发展并不会导致生态破坏和环境恶化；传统农业发展模式是导致石漠化和水土流失的主要原因；在工业发展不充分、资金不足、劳动者素质低下的情况下，旅游也难以有效发展。

第四，政府作用不可低估。我国市场经济体制尚不完善，贵州的市场化进程相对滞后，在中央政府的大力支持下，地方政府在产业发展中作用巨大。即便在发达的市场经济体制中，波特认为竞争优势的影响因素主要有六个（4+2）：生产要素、需求状况，支持性产业及相关产业状况，企业战略、结构和竞争者；在上述四种核心因素之外，还存在着两种辅助因素——政府和机遇。政府在完善的市场经济体制下对于竞争优势的形成主要发挥以下作用：降低贸易壁垒、鼓励竞争，发展基础设施以降低交易成本，保护产权。在市场经济体制尚不完善、政府掌握大量资金的当前时期，适宜的产业扶持政策和资金引导对于支柱产业的发展壮大作用显著。

第五，宏观经济背景。《国务院关于进一步促进贵州经济社会又好又快发展的若干意见》要求贵州建设成为全国重要的能源基地、资源深加工基地、特色轻工业基地、以航空航天为重点的装备制造基地。大力实施优势资源转化战略，构建特色鲜明、结构合理、功能配套、竞争力强的现代产业体系。这一要求综合考虑了贵州的比较优势和加快发展的现实要求，是贵州特色优势产业体系打造面临的难得历史机遇。

基于以上五点考虑，结合我国未来的发展趋势，贵州特色优势产业体系的构建应在加快做大工业经济总量、优化空间布局、强化节能减排要求的同时，重点从以下几个方面努力：

第一，以煤炭为重点，继续发展能源工业。加快能源基地特别是大型煤炭生产基地建设，发挥本省“水火互补”的资源特点和比较优势，加快贵州电源点建设，在确保“黔电黔用”同时努力完成“西电东送”任务。积极争取国家支持，力争在贵州先行试点工业用电大户的直供，支持贵州资源类产业发展热电联产。

第二，做大做强优势原材料工业。做大做强新型煤化工、做强做精磷化工、做优做深铝及铝加工，推动煤电铝、煤电磷、煤电化、煤电钢等一体化发展。以贵州原材料工业为基础，在特色新材料、新能源方面取得突破。通过科技创新，以现有原材料工业为基础，发展特色新材料，提高资源的利用水平。努力通过结构调整，淘汰落后产能，使贵州原材料工业集聚发展，实现多联产、延长产业链、提高资源利用率和产业竞争力。

第三，巩固提升烟酒产业。加快推进省内外烟叶基地单元建设力度和水平，完善烟水配套等烟田基础设施建设。大力培养和发展贵州卷烟品牌，开发高端系列产品和低焦油产品，提升中、高档卷烟在产品线布局中的比例，力争创建全国性品牌。进一步做大做强“国酒茅台”，发挥品牌带动作用，加快发展中高档白酒，扩大优质酒在白酒总量中的比例，扩大高端产品市场。积极打造“贵州白酒”品牌，把白酒品牌同贵州地域、民族文化、旅游等结合起来，提升品牌文化。利用现代生物技术提高传统白酒质量，推行清洁生产，资源综合利用，绿色健康生产理念。加快推进国家级贵州白酒生产基地建设、加快推进白酒专用优质原料基地建设，配套发展白酒包装产业。

第四，加快发展装备制造业。依托国防科技工业的发展基础，加大资源整合的力度，推进军民融合发展，扶持新产品研发和重点企业技术改造，推动军民结合、军地融合，以航空航天、工程机械和矿山机械等为重点，促进全省装备制造等产业优化升级，实现军品民品化。大力发展面向本地采棉机、采茶机、林果机械等中高端农机具以及优势农产品和食品深加工机械。提高高速挖掘机、工程车、破碎机等工程机械的市场占有率。积极推动通用航空飞机及零部件产业发展。

第五，大力发展民族制药、特色食品旅游商品等以民生产业为主导的特色优势产业。立足地方及民族特色资源、特有工艺和特有文化传统，大力发展以民族制药、特色食品为重点的特色优势产业，提高全省农业产业化水平，促进农业和农村经济结构调整和农民增收。围绕将现代中药产业培育成后续支柱产业的目标，充分发挥“国家中药现代化科技产业（贵州）基地”的载体作用，优先发展原料基地、民族制药和具有自主知识产权的品种，推动制药工业向集约化、规模化和集团化方向发展，提高中药现代化产业规模效益和可持续发展能力。建立和完善食品和农产品原料的质量安全监督检测检验体系和市场准入制度，确保特色食品产业充分发挥绿色、有机、无污染的资源优势。积极推动特色食品工业向基地、原料、加工、市场的产业化发展，以本地具有相对资源优势的集中产区以及有地方特色的农畜产品基地为依托，重点发展特色农畜产品，培育特色食品产业集群。

第六，培育发展高新技术产业和战略性新兴产业。以贵阳、遵义等基础较好地区为核心，加快建设新材料产业聚集区，重点发展金属及其合金材料、无机非金属材料、化工材料、聚合物材料、电子功能材料、纳米材料、新能源材料和铝、锰、钛、镁等高强度合金。推进科技基础设施、创新平台、创新载体发展。

第七，积极推动信息化与工业化深度融合。在加快电子信息产品制造业发展同时，大力促进信息技术与现有产业渗透与融合。加快政府信息化进程，加快电子政务，提供政府信息服务；坚持运用信息技术改造提升传统产业，实施一批企业信息化应用示范工程；提高信息技术应用水平，推动信息技术在制造领域的应用，促进企业生产技术信息化；实施“企业上网”工程，组织推广成熟软件，降低企业信息化的成本，择优扶持有条件的企业实施企业管理信息化示范工程。鼓励和引导企业与政府信息网络的链接，实现网上信息交换、信息发布和信息服务。

第六章　培育贵州新兴产业体系

贵州增强自我发展能力必须在发挥比较优势打造特色优势产业体系的同时，注重新兴产业体系的培育，这是贵州从比较优势向竞争优势转化的重要途径。根据上章的研究，本书认为有必要进一步从现有发展基础、长期发展潜力和发展可持续性角度切入，着重从文化旅游产业、高新技术产业、战略性新兴产业三个方面专门论述培育贵州新兴产业体系。

第一节　文化旅游产业

“十二五”时期，文化产业作为“国民经济支柱性产业”，与同样作为“战略性支柱产业”的旅游业将有越来越多的融合发展。文化旅游产业的开发，带有强烈的地方根植性，与当地的历史文化、自然人文景观密切相连，这一产业的开发具有强烈的自我强化作用，而且随着历史的变迁而越发提升其价值含量和地区名声，即归属感。总体上，文化旅游产业具有牵涉面广、关联度大的特点，与现代交通运输业、会展业、文化创意产业、邮电通信与信息业、房地产业、现代农业等都具有密切联系。发展文化旅游产业，有利于区域之间人流、物流、信息流广泛流动，吸引大量外来资金、技术、人员等生产要素的流入，产生资本的集聚效应，吸引大批知名企业入驻，增加区域投资总额和投资规模；有利于调动各个地方的积极性，组建区域旅游经济利益共同体，加强区域旅游市场的共同开发，使整个区域经济获得共同繁荣；有利于增加地方财政收入，通过产业带动效应，促进相关产业的发展，改进地方基础设施和旅游接待设施，增加地方就业机会。对于贫困地区而言，利用其丰富的旅游资源进行适度的开发，这对于挖掘地方文化旅游资源，完善旅游产业体系，保护和改善自然生态环境，促进贫困地区经济发展，缩小与发达地区之间的差距都具有重要带动作用。

贵州是中国典型的多民族地区，喀斯特地貌突出，多民族杂居，山水交融，造就了贵州独特的民俗和自然相结合的旅游文化资源禀赋，这一禀赋具有不可替代性，具备打造成为旅游大省的基础条件。充分利用贵州这一具有不可替代性的南方喀斯特多民族文化旅游资源，做大做强贵州文化旅游产业，能够极大提升竞争优势、增强自我发展能力。贵州从“十五”期间起已提出建设自然风光与民族文化相结合的旅游大省目标；“十一五”进一步提出实施重点带动战略和旅游精品路线战略；“十二五”时期贵州将以文化体验与旅游业态融合为重点，促进文化旅游业进一步优化和产业链延伸。贵州文化旅游产业已经成为挖掘地方文化、完善旅游产业、促进经济结构调整、撬动贵州经济跨越的重要发展方向。

一　贵州文化旅游资源禀赋概述

贵州文化旅游资源富集，特色鲜明，优势突出。主要包括以喀斯特风光为主的集瀑布、溶洞、湖泊为一体的自然景观资源，以西江、肇兴、音寨等为代表的原生态少数民族文化资源，以长征、四渡赤水等为主的红色文化资源三大类。

（一）自然景观资源

贵州是全国唯一没有平原支撑的省份，山地丘陵面积占全省面积的92.5%，喀斯特地貌面积13万平方公里，类型多样，集中了除冰川喀斯特地貌以外的所有喀斯特地貌类型。受到地理位置、洋流、地形等因素的影响，贵州属于亚热带温湿气候区，立体气候明显，温暖湿润，四季分明。复杂的地形与气候相结合，给贵州省带来了丰富的自然资源和独特的自然景观。境内有武陵山、乌蒙、苗岭、大娄四大山脉，还有五大佛教名山之一的弥勒道场梵净山；两个世界自然遗产荔波喀斯特地貌和赤水丹霞地貌；全省具有开发价值的瀑布3360个，其中黄果树瀑布是亚洲最大、世界上唯一能够全方位观赏的瀑布；3600多个具有开发价值的溶洞，其中有世界上面积最大的溶洞——织金洞，世界上最长的溶洞——双核溶洞；大小峡谷数千条，其中马岭河峡谷、北盘江峡谷、南江大峡谷、花江大峡谷、乌江大峡谷等；10公里以上的河流1200多条，可用于漂流的达到720条；湖泊众多，有国家级风景名胜区红枫湖等；9个市、州均有天然温泉出露点，已探明温泉资源119处，水质优良。贵州森林覆盖率高达31.61%，有世界上最大的侏罗纪森林公园——赤水桫椤原始森林公园。

贵州大部分地区年平均温度在15.6摄氏度，雨量充沛，紫外线强度低，空气中负氧离子含量高，是全国乃至全球紫外线辐射最少的地区之一。

（二）民族文化资源

除塔吉克族和乌孜别克族外，贵州省现有54个少数民族，少数民族总量1255万人，总量在全国排在第四位；占全国少数民族总数的11.03%，比重在全国排在第五位；占贵州省常住人口总量的36.11%。少数民族中人口总量排在前五位的苗族397万人、布依族251万人、土家族144万人、侗族143万人、彝族73万人。[①] 贵州素有“多民族大家庭”之美誉。贵州省地处云贵高原，其独特的地理位置，是历史上“驿道所经”之地，又因其交通闭塞，地域偏远成为毗邻省份逃难安身之地。贵州山河交错，导致即使是一个民族居住区因为历史社会和自然地理的不同，也会派生出不同风俗流派。历史上汉族、回族、满族、羌族等民族陆续迁入贵州，与原有的当地少数民族一起，几千年以来各民族之间相互融合，中原文化、巴蜀文化、江南文化、荆楚文化、闽粤文化、滇文化等相互碰撞、交融，最终形成了各个民族独特的文化体系和多民族文化“和而不同、融而不化”的局面。各少数民族在生产、生活过程中，蕴藏了古朴、绚丽、醇厚的历史传统和原生态文化，传统风格的建筑、服饰、节日、饮食、语言、婚俗、歌舞，不仅数量众多，风格各异，而且保存完好，多彩多姿。贵州拥有东汉夜郎文化，明代屯堡老汉文化等历史文化之外，还拥有1个世界非物质文化遗产——黎平侗乡侗族大歌，国际级非物质文化遗产70余处，600年以上历史的民族村寨1.7万座，这些都为贵州省发展民族文化旅游产业提供了良好的资源基础。

（三）红色文化资源

红色文化是指广大人民群众在中国共产党的领导下，在革命、建设和改革开放时期形成的先进的、革命的主流思想意识和物化资源。不同时代背景下红色文化的内涵以及表现形式不一样，但都具有爱国主义的意识，艰苦奋斗的精神，强烈的社会责任感以及为实现共产主义而奋斗的坚定信念等，具有极强的历史穿透力和恒久的号召力。贵州是中国革命的转折之地，红军的长征足迹遍及贵州省77个县中的67个县，以长征文化为主体的红色文化资源丰富，不仅有遵义会议、黎平会议等重要党的历史会议所

① 数据源自贵州省第六次全国人口普查数据公报。

在地，也有四渡赤水、乌蒙山、娄山关等重要战役的所在地。据统计，贵州有红色旅游景点160处之多，具有可开发潜力的精品旅游经典有50余处，有11个景区成为全国百个“红色旅游景点景区”。目前贵州省已形成以贵阳为中心的6条红色旅游路线：东线（贵阳—黄平—镇远—铜仁市—印江）、西线（贵阳—安顺—贞丰三岔河—兴义）、北线（贵阳—遵义会议会址—娄山关—桐梓—仁怀—习水—赤水）、南线（贵阳—都匀—独山—荔波）、东南线（贵阳—凯里—黎平）、西北线（贵阳—黔西、大方—毕节—威宁），其中黔北、黔西旅游区被列入全国12个“红色旅游区”。

总体而言，贵州文化旅游资源的特点是小山小水、历史文化的厚重感和丰富性并不十分突出，因此在观光时代，受旅游业发展规律和交通条件、资源开发力度的制约，贵州旅游的地位和价值难以体现；但在新的文化消费观念和市场需求下，随着交通、城镇建设的完善，贵州优势的生态环境、气候、山地度假条件、原生态文化、红色文化等将得以彰显，贵州文化旅游的地位和价值也将大幅得以提升。

二　文化旅游产业发展现状

贵州文化旅游产业兴起于改革开放之初，发展于20世纪90年代。实施西部大开发战略后，贵州文化旅游产业进入快速发展时期。通过“十五”列入重点产业发展、“十一五”确立多民族特色文化和喀斯特高原生态旅游目的地、“十二五”加大文化与旅游产业融合发展，贵州文化旅游业发展已经具备相当基础。主要表现在如下几个方面：

（一）产值不断增长

文化旅游产业发展迅速，产值呈现出持续上升的趋势。由图6－1可以看出，2011年贵州省实现旅游总收入1429.48亿元，是2005年251.14亿元的5.69倍，实现年均增长33.6%；接待旅游总人数也呈现持续上升趋势，2011年达到17019.36万人次，是2005年3127.08万人次的5.44倍，年均增长32.6%，其中接待国内旅游者人数从2005年的3099.46万人次上升到2011年的16960.85万人次，年均增长32.7%；接待入境旅游者人数从2005年的27.62万人次上升到2011年的58.51万人次，年均增长13.3%。

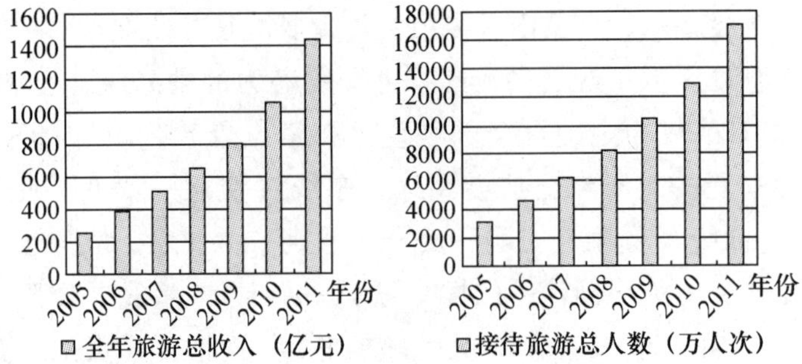

图 6－1　2005—2011 年贵州省旅游总收入和旅游接待人数变动情况

资料来源：根据历年贵州统计公报。

（二）体系不断完善

以高速公路、高等级公路和铁路为骨架，公路、铁路、民航、水运等多种运输方式相配合的综合交通运输体系加快形成，旅游基础条件明显改善。贵州荔波南方喀斯特世界自然遗产、赤水中国丹霞地貌申报世界自然遗产成功，改写了贵州没有“世遗”的历史；截至 2011 年，全省 A 级旅游景区达 60 个（其中 5A 级景区实现零的突破达到 2 个，4A 级景区 22 个）；旅行社由 2007 年的 216 家增至 266 家；旅游客运车辆由 2007 年的 960 辆增至 1173 辆，星级饭店由 2007 年的 257 家增至 337 家。凯悦、凯宾斯基、万豪、温德姆、香格里拉、希尔顿、雅高等国际知名品牌酒店管理公司相继在贵州落成开业或正式签约。

（三）产品结构日趋协调

编制完成《贵州省旅游业“十二五”发展规划》、《贵州省度假旅游产品规划》等规划。大力发展休闲度假产品，从产品类型上，形成了休闲度假、文化体验、乡村旅游、康体运动、会展商务、科考探险、生态观光、自助自驾八大类产品。打造了贵阳避暑之都、黎从榕民族文化旅游、梵净山生态文化旅游、镇远古城、遵义茶旅一体化、赏花游等旅游新品牌。六届旅发大会助推黄果树、龙宫、西江苗寨、遵义会议、铜仁梵净山、兴义万峰林等旅游品牌走向国内外大市场。推出了遵义茶海旅游、贵阳避暑之都、桐梓生态园、黎从榕民族文化旅游等旅游新品牌。

（四）产业招商项目建设稳步推进

把旅游招商引资和项目建设作为重要工作来抓，联合编制了 50 个重点旅游招商项目。组织参加赴广州、深圳、南京、上海、杭州、成都等地旅游招商。主动邀请悦榕控股集团、港中旅集团、深圳华侨城、梧桐资本集团等境内外知名企业考察旅游项目，中国国际旅行总社在贵州合资成立旅行社，香港中旅集团旗下的中国旅行社总社有限公司正式入驻贵州。

（五）市场营销方式不断创新

开展“多彩贵州”旅游形象大使选拔、歌唱、舞蹈、摄影大赛、旅游商品“两赛一会”等系列活动，成功打造了“多彩贵州”旅游文化品牌。成功举办第 13 届海峡两岸旅行业联谊会。创新旅游宣传推介新方式，先后在央视等主流媒体投放“多彩贵州·醉美之旅”、“走遍大地神州，醉美多彩贵州”集群展示。省委、省政府领导连续多年数十次率团赴境内外重点客源地开展旅游文化宣传推介，产生了积极的市场反响。举办黄果树瀑布节、油菜花节、“贵阳避暑季”等系列旅游节庆活动，形成了节庆带动效应。省级“旅游发展大会”已经连续举办七届，省内外反映强烈。

三　制约文化旅游产业发展的因素分析

尽管贵州文化旅游产业发展迅速，成绩显著。但是，制约贵州文化旅游产业进一步发展壮大的因素依然突出。

（一）交通事业发展缓慢

便捷的交通以及舒适的交通方式是当今影响人们旅游的首要因素，交通会影响到人们对目的地的选择，旅游路线的制定等。贵州省地处我国西南地区内陆，地貌受地质构造控制，山脉高耸，切割强烈，岭谷高差显著，受到自然条件的约束，贵州省交通基础设施建设滞后，交通不通畅，成本较高，成为影响文化旅游产业发展的首要因素。

2010 年贵州省铁路运营里程达到 2001.9 公里，在全国排在第 21 位，铁路网密度为 113.6 公里/万平方公里，远低于相邻的湖南省、重庆市（见图 6－2）；全省公路里程达到 151644 公里，在全国排在第 12 位，公路密度为 7607 公里/万平方公里。

交通发展的滞后不仅降低省外游客的可达性，同时导致省内各地市州之间交流不便，各旅游景点之间联动发展层次低，无法形成旅游发展的合力。同时贵州省经济发展总量小，有限的投资主要倾斜在民生等公益性事业，对旅游建设的投入少，景区内水电供应、垃圾处理、卫生等基础设施不健全，环境有待改善。人均收入水平低，对旅游的需求不足，周边省区

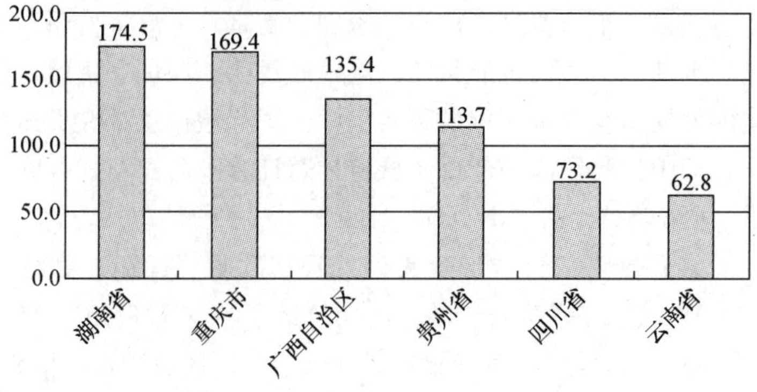

图6-2 2010年贵州省铁路网密度与相邻省份比较（单位：公里/万平方公里）

资料来源：根据《中国统计年鉴》（2011）。

也不是经济发达地区，对贵州省文化旅游业的带动作用不明显。

（二）人才队伍建设不健全

2005—2009年，贵州省旅游景区直接从业人员数量和旅游人才总数都出现较快的增长，其中旅游景区直接从业人员累计增长172.20%，旅游人才总数累计增长140.02%，但是同期贵州省旅游接待人数累计增长了233.75%，人才总量增长远不能满足贵州省旅游产业发展的需要。贵州省景区从业人员学历总体较低，2009年中专及以下学历占景区从业人员比重达到70.97%，专业人才规模小，特殊人才稀缺。[①] 人才队伍发展不仅无法适应现代文化旅游业发展的需要，还会成为制约文化旅游业实现跨越式发展的关键因素。

（三）管理体制落后

我国文化旅游产业尚处于从计划经济体制向市场经济体制过渡的转轨时期，产业界定尚不明晰，产业组织也不健全，大部分文化旅游资源没有实现真正的产业化。作为我国内陆旅游省份，贵州省的文化旅游产业也同样存在管理权限相互冲突，管理体制滞后的问题。文化旅游产业涉及国土、宗教、林业、文化、建设、园林、交通、商贸等几乎所有管理部门，没有统一的、整体的管理部门，管理体制混乱。旅游景点管理不能顺利向市场化、专业化方向转变，“公费旅游”和“免费旅游”比重较大，景区

① 赵星：《“十一五”以来贵州省旅游景区人才发展分析及对策研究》，《贵州师范大学学报》（自然科学版）2011年第11期。

收入入不敷出，不利于文化旅游产业的可持续发展。

（四）地方特色文化急剧消失

贵州的民族文化形式多样，但是在流传的过程中均面临着失传的危险。由于多数民族服饰制作依赖于全手工，制作周期长，经济效益不明显，除了重大节日和婚丧嫁娶等重大活动之外，已经很少有人穿着。少数民族语言使用地区在不断缩减，使用人口也在不断减少。如侗语在北侗地区就几近消失，荔波县的布依族人已经很少使用布依族语。由于民族语言没有民族文字做支撑，只是依赖于口耳相传得以延续，因此，与民族语言相关的民族歌曲、民族史诗、民族谚语等都将面临失传的危险。由于年轻人更多地接受现代城市生活理念和方式，不愿去学习和继承传统民族歌舞表演，如著名的侗族大歌，现在只是在少数几个乡镇存在。其他的诸如民族工艺、民族体育、民族医药等也面临失传的紧迫局面。

四　提升贵州文化旅游产业竞争力的途径

为了将贵州文化旅游产业的比较优势更好更快地转化为竞争优势，贵州要在促进旅游与文化深度融合、改善交通基础设施、提升从业人员素质、突出地方文化特色、拓展延长产业链条、创新体制机制等方面加大力度，加快提升贵州文化旅游产业的整体竞争力，促使其成为贵州新兴产业的“领头羊”。

（一）加强交通基础设施建设

便捷的交通以及舒适的交通方式是提升文化旅游产业首要的“硬”要素。因此需要完善交通网络，构建立体旅游交通体系。加快旅游公路、铁路、航空、内河交通通道建设进程，同时对机场、车站、码头等交通节点进行合理规划和建设，不仅实现交通运输体系直接进入景区，同时实现旅游城市、旅游景区和旅游景点之间的畅通衔接。同时加快实现与周边省、市、自治区的道路贯通，构建“大区域旅游圈”，实现旅游共享。完善游客相关的市政公共设施、垃圾污水处理设施、公共卫生设施、景区配套设施等公共配套设施建设，积极推进旅游信息化建设，构建覆盖全省范围的旅游目的地管理信息系统，提升旅游服务接待能力和质量。

（二）加快本地从业人才培养

人才是提升文化旅游产业竞争力首要的“软”要素。贵州省“十二五”规划纲要中明确提出，将“旅游和文化产业培育成为重要支柱产业”，而发展文化旅游产业首先就是要具有一批高素质旅游开发管理人才队伍。大力发展职业教育，培养旅游专业人才和急需人才。加大培训力度和范围，提升旅游景区从业人员的文化水平和业务素质。积极引进文化旅游专业人才，对贵州省及其各个市州的旅游资源进行合理规划、建设和营销，为贵州省文化旅游业创新发展提供强有力的智力支持。

（三）重视地方民族文化资源的保护和传承

民族文化是中华民族世代相传的宝贵财富，是劳动人民智慧和汗水的结晶，是发展先进文化的重要精神资源。民族文化资源是贵州省文化旅游资源的重要组成部分，对民族文化资源进行有效保护和传承，不仅关系到贵州文化旅游产业可持续发展，同时也是历史赋予我们的神圣责任。对于古建筑、古街道等民族文化旅游资源，要积极进行实物保留和修复，并依次进行旅游资源的开发，取得的经济效益弥补保护经费投入。成立专门研究队伍，通过运用现代化的技术，对诸如民族歌曲、舞蹈、神话、服饰制作以及节庆礼仪活动等进行整理，用文字、音像等形式保存下来。鼓励和引导人才学习民族传统文化，掌握民族生产技艺，重视苗侗等少数民族非物质文化传承，使民族文化资源得到有效保护和传承。

（四）拓展延长产业链条

旅游产业链的深度开发需要在抓好规划体系完善的前提下，一是抓好重点项目产品建设。围绕打造全国最佳避暑度假基地、特色乡村旅游基地等“七大基地”，抓好黄果树国家公园、多彩贵州城等十大旅游重点工程建设。在优化产品布局上，重点开发避暑、会展、温泉、高尔夫、文化体验、康体养生等休闲度假产品。加快自助自驾游市场配套服务设施建设及游客服务中心等设施建设，力争完成 5 家 4A、5A 级旅游景区创建。积极培育一批地域标志性旅游商品。二是抓好招商引资实施。完善旅游项目库，抓好 50 个省级重点旅游招商项目，积极引进央企等国内外大型企业和旅游品牌企业，参与贵州旅游资源开发管理。加快推进黄果树集团等旅游企业上市步伐。三是要抓好旅游业与文化产业的融合。依据重点景区、古城古镇古村开发建设旅游文化项目，把单一的观光产品提升为观光体验、观光休闲、观光度假等多元文化观光产品。注重在服务设施、线路设计、节庆活动、旅游商品的软硬件开发中注入贵州民族文化元素，形成一批有市场前景的旅游消费产品。四是塑造一批旅游品牌。借鉴海内外的成功经验，依托得天独厚的农业资源，规划建设一批高水平的观光农业旅游示范点；依托茅台酒品牌，规划打造国际一流的名酒工业旅游品牌；依托地质地貌和气候资源，开发地质旅游、山地运动旅游、休闲养生旅游等新兴业态；依托大大小小的水利设施，开发一批水利休闲观光旅游项目；依托在建的产业园区，积极把旅游要素融入其中，使园区功能、工业设计、生产销售的过程成为旅游风景线，增强工业文明的内涵和美感，在旅游业发展中要体现工业文明成果，把工业化的技术、产品、理念注入旅游业，提升旅游业的层次和水平。

（五）创新和完善体制机制

经营体制和管理体制是影响文化旅游产业发展的两个重要因素。针对贵州省现有的体制机制问题，需要建立一个由政府主导，集宣传、文物、宗教、建设、民政等各部门协同运作的统一部门，推进文化旅游产业的发展。在经营管理体制方面，探索将所有权和经营权相分离的新模式，积极引进大企业，按照市场化运作方式，在旅游、林业、环保等部门的监督下进行文化旅游资源的开发、管理和保护。创新投融资方式，多渠道增加旅游资金投入。完善法律法规制度，推进旅游业的标准化建设。

此外，贵州在发展文化旅游产业过程中还需注意加大“资源整合＋创新改造”的产业联动发展力度；切实将发展文化旅游产业与扶贫开发结合起来，加大投入开发乡村旅游产业园；加大文化旅游产业推广力度。

第二节　高新技术产业

高新技术产业是指运用以信息技术、生物工程和新材料等尖端技术进行研发和生产高新技术产品的产业的总称，具有智力性、战略性、创新性和环境污染小等特点。作为国民经济的战略性先导产业，高新技术产业是各个国家综合国力竞争的战略制高点。它的发展水平不仅显示出一个国家或地区竞争力的高低，也显示出这个国家或地区的政治地位和经济地位。对于需要增强自我发展能力的贵州而言，大力发展高新技术产业是贵州走新型工业化道路的重要选择，也是实现贵州省跨越式发展的重要途径。

一　高新技术产业发展现状

西部大开发战略实施以来，贵州省通过着力培育和发展高技术产业，使其获得长远的发展，尤其是在“十一五”期间，重点发展航空航天、电子信息、生物医药三大产业，专设磷化工、煤化工、新材料、先进制造业、优势生物资源保护和利用产业化、现代农业、信息化、重大产业技术开发应用八个高新技术专业化专项，使高新技术产业实现了跨越式发展。

（一）产值规模不断增大，发展后劲增强

2010年高技术产业产值达到320.96亿元，占GDP比重达到7%，已经形成以医药制造业、航空航天器制造业、电子及通信设备制造业为主的三大高技术产业体系和以生物技术、航空航天技术、电子信息技术、新材料技术、新能源技术、先进制造技术、精细化工技术为主的高技术企业集群。高技术服务业发展显著，2010年实现收入36亿元，电信服务业的主营业务收入达到275亿元。2010年在建项目、新开工项目和建成投产项目分别为200个、66个和41个，进一步增强了贵州省高技术产业的发展后劲。①

（二）产业结构不断调整，新兴产业加快发展

在重点行业以及重点领域，大力推进高新技术、先进实用技术的改造，同时提升改造传统产业，已建成一批具有资源优势，有创新性，有形成自主知识产权前景的开发项目和产品，有效地提升了产业的核心竞争力。以生物产业、新能源产业为代表的高新产业不断发展，同时涌现出中成药制造、生物质能源为代表的新的增长点。以贵阳安顺、毕节为中心的产业基地和产业中心加快发展，有力促进了产业结构调整和生产力布局的优化。

（三）信息化建设步伐加快，自主创新能力增强

贵州省已经建成多层次、多内容的现代通讯体系，各行业的信息化水平不断提升。贵州省目前有完备的国家级、省级实验室、研究中心、技术中心系统，涵盖生物、信息、新材料、新能源、航空航天等重要领域，促进了技术研发能力，系统创新能力，信息技术应用能力的全面提升，为推动产业升级和技术创新提供了强有力的技术支持。

二　高新技术产业发展的问题

贵州省经济发展水平低，经济总量小，人均水平不高，尚处于从工业化初期向中期迈进的阶段，产业结构优化升级任务艰巨，发展高新技术产业面临诸多问题和困难。首先是研究经费投入不足。“十一五”期间，每年全省科研和试验发展经费（R&D）投入占全省生产总值的比重均低于

① 数据源自《贵州省高技术产业第十二个五年规划纲要》。

0.7%，远低于贵州省“十一五”规划目标。其次是政府管理体制机制不完善，科技管理和经济管理分属不同部门，创新产业投融资机制和发展环境亟待健全。最后是企业技术创新能力低下，企业规模小，技术人员不足，研发投入严重不足，创新意识不强烈，信息化水平比较低，缺乏核心竞争技术。这些因素严重制约贵州高新技术产业的健康发展。

三 高新技术产业的发展对策

（一）加快体制改革，完善产业政策

充分发挥政府的引导和服务作用，创造良好的投资环境。依据贵州省“十二五”规划纲要、贵州省“十二五”高技术产业发展专项规划的要求，深化高技术产业在技术研发、中介服务、投融资、建设管理等环节的国有企业股份制改革，推进公有制资本和非公有制资本的联合和融合，大力发展公有制经济。打破军民分割和部门分割现状，推动军民技术、军民产业的双向自由流动。进一步培育和规范市场中介服务体系，完善技术服务市场，规范市场服务。根据贵州省未来经济发展的需求，对重点领域和重点环节进行部署，强化组织协调，优化资源配置。加快建设特色产业基地，延长和完善产业链，增加产品附加值。

（二）建立完善的高新技术投融资机制

构建以政府为引导，企业为主体，银行贷款和民间融资为支撑的多元投融资体系。政府通过贴息、补助等方式，加大对高技术产业创新能力建设的扶持力度，开展创业风险投资试点，积极推进高技术产业创业风险基金和高技术发展基金的设立，合理引导社会资源，支持有发展前景的高技术产业的发展。鼓励引导金融证券机构支持高技术产业发展，加快发展中小企业担保体系，完善知识产权等无形资产的评估、担保、质押贷款机制。

（三）加快高技术人才的培养，完善人才使用机制

按照高技术产业发展的需要，加快培养造就一批熟悉国内外市场、创新能力强、掌握专业技术水平的人才队伍。依托重点产业、重点企业、重大项目，采取更加优惠的政策引进各类人才，创造优越的人才吸纳环境，发挥市场对资源配置的基础性作用，鼓励有能力的人才向高技术行业或企业流动。改革和完善人才使用机制和人才激励机制，允许国有高技术企业对技术骨干和管理骨干实施期权激励等政策，通过技术创新成果参与企业

利润分配，调动高技术人才的积极性和创造性。[①]

第三节 战略性新兴产业

战略性新兴产业是以重大技术突破和重点发展需求为基础，对经济社会全局和长远发展具有重大的引领带动作用的产业，具有知识技术密集、物质资源消耗少、成长潜力大、综合效益好的特点。贵州省加快培育发展战略性新兴产业，不仅是立足当前、应对危机、调整结构、转变发展方式的有力手段，也是面向未来、着眼长远、支撑和引领全省经济社会全面协调可持续发展的重大战略选择。发展战略性新兴产业是贵州省完成现阶段工业化、城镇化和农业现代化的任务、积极参加国内外竞争、提升贵州长远竞争力的必由之路，更是加快转变经济发展方式、加快科学发展、富民强省，更快发展的迫切需要。

一 战略性新兴产业的发展现状

贵州省的战略性新兴产业经过多年的发展，已积累了一定的基础。目前国家定位的战略性新兴产业主要包括节能环保、新能源、新材料、生物医药、生物育种、信息、新能源汽车、航天航空、海洋等产业。贵州除了新能源汽车、生物育种和海洋产业之外其他行业都有所涉及，但规模不大。

航空航天产业主要集中在航空航天器制造。航空航天制造业依托贵州航空工业集团和贵州江南航天投资控股集团有限责任公司两大企业集团，进一步加快军工经济与地方经济融合发展、军民结合产业发展的步伐，继续加大科技创新投入力度，行业核心竞争力得到进一步增强。2008 年完成总产值 67.82 亿元，同比增长 10.1%；完成增加值 20.9 亿元，同比增长 8.76%。

信息产业集中在电子及通信设备制造。围绕产业结构调整和产品优化升级这条主线，电子及通信设备制造业积极培育企业集团和“小巨人”企业，集中力量发展产业集群，通过实施电子基金、技术创新等专项，引导企业产品结构、组织结构和布局结构进一步优化调整，电子信息产业基

① 贵阳高新技术开发区：《贵阳市高新技术产业发展“十二五”规划》2010 年。

地建设取得进展，电子元器件、家电、通信终端产品成为引领贵州信息产业快速发展的主导力量。2008 年，电子及通信设备制造业实现强劲增长，全年完成总产值 34. 18 亿元，同比增长 31. 1%，增速同比提高 26 个百分点；完成增加值 10. 46 亿元，同比增长 29. 97%。

新材料产业主要集中在金属及合金新材料、磷系化工新材料、复合改性聚合物材料、无机非金属新材料和电子功能材料等领域，包括高性能铝合金新材料、钛基新材料、特殊钢新材料及制品、单晶航空发动机叶片、磷系功能新材料、磷工业废弃物综合利用的新型建筑材料、高性能工程材料、多晶硅材料、先进陶瓷材料、电子浆料等。

生物医药业包括中成药制造、生物技术等。贵州中药材和民族药资源丰富，以苗药为代表的民族制药是贵州特色优势产业之一。全省有 7 个医药园区，1 个国家级企业技术中心，大量研发平台和创新型人才团队，研发实力相对较强。

新能源依托已有物理化学电源技术及产业基础和小油桐、芭蕉芋等资源特色，开展锂离子电池等化学电源和生物质能源的研发及产业化，推动清洁能源产业形成。目前贵大利用小油桐生产生物柴油已经进入试生产阶段，虽还未真正形成产业，但是具有比较广阔的发展前景，重点在培育。

节能环保包括节能环保服务和节能环保产品。贵州企业研发生产、拥有自主知识产权的电机变频调速、路灯节能控制、半导体照明等 5 项节能技术和产品得到了很好的推广应用。下一步将针对贵州省钢铁、磷、铝、钛、煤等基础原材料产业生产中产生的大量“废气、废渣”及矿石共伴生资源，开展废弃物减排及资源综合利用技术的引进和集成攻关，提高产业清洁生产水平及社会经济效益。重点发展钢铁、电解铝、海绵钛、电解锰、黄磷、铁合金生产中的节能降耗减排及清洁生产新技术与装备；磷石膏、赤泥、粉煤灰、煤矸石、黄磷炉渣、电解锰渣、废酸、钢铁废渣等工业废弃物的处置与资源化利用技术，以及磷矿、铝土矿及其加工过程中氟、碘、硫、镁、镓、稀土等伴生资源的综合回收与利用技术①。

二　战略性新兴产业发展存在的问题

贵州省经济发展水平较低，目前尚处于工业化初期向中期迈进的阶

① 贵州省发改委：《抢抓国家培育战略性新兴产业机遇加快推进我省经济社会发展历史性跨越》2010 年 6 月 18 日。

段，产业结构调整和升级还有很艰巨的任务。在此条件下发展战略性新兴产业面临不少的问题和困难。主要有以下几个方面：一是从宏观层面上看，政府对科技的投入不足。由于基础设施建设欠账太多，而政府财力有限，无法保证对科技创新的投入。2008 年全省科研和试验发展经费（R&D）投入占全省生产总值的比重为 0.574%，仅比上年提高 0.074 个百分点，远远低于“十一五”的规划目标。二是从政府管理层面上看，科技与经济“两张皮”的问题还没有根本解决。政策体系尚待完善，体制改革仍需深化，创新创业的投融资机制和发展环境亟待健全。三是从市场主体层面上看，企业创新能力弱、投入严重不足、产业和企业规模小、信息化水平低、缺乏核心技术等问题较突出。

三　战略性新兴产业的发展对策

（一）制定推动战略性新兴产业发展的市场政策

制定出台自主创新产品政府采购政策。优先采购自主创新产品。在战略性新兴产业发展过程中，市场拓展尤为重要，政府应当更多地担当各类资源要素的组织者，将产业发展中形成的具有自主创新的新技术与新产品纳入政府采购目录，包括节能环保、风能、太阳能等技术与产品。在重大工程采购等财政性资金采购中，通过一定的行政手段和经济手段进行新产品的推广应用。国家相关部门通过促进新兴产业相关的成果的产业化，充分发挥高新区的作用，加快推进战略性新兴产业基地建设，支撑地方经济增长中的集聚、辐射和带动作用，促进战略性新兴产业集群发展，引领新兴产业发展。加快制定包括基础设施配套、资源环境、空间布局、人才引进、财税、采购、投资、信贷、科技创新、重大项目建设、中介机构、国际合作等在内的完善政策支撑体系。①

（二）制定推进战略性新兴产业发展的技术创新政策

新兴产业属于朝阳产业，因此政府支持不可或缺，国家通过完善创新政策和机制，建立产业技术创新体系，以此增强新兴产业自主创新能力，为新兴产业健康发展提供必要的制度保障。具体来说，一是可以通过制定落实促进企业研究开发税收政策；二是设立技术创新工程，促进企业提升自主创新能力。制定政策加强知识产权保护。规范商品流通领域专利市场

① 贵州省发改委：《贵州省“十二五”战略性新兴产业发展专项规划总体思路》2010 年 3 月。

秩序，严厉打击侵权违法行为；加大与工商、版权、质监等部门的知识产权执法协作力度，建立跨部门、跨区域、跨行业的知识产权保护协作机制；指导各地逐步健全专利行政执法体系；加强知识产权培训，推进知识产权人才队伍建设，提升知识产权公共服务能力。

（三）制定投融资政策与财税政策

建立和完善以政府投入为引导，企业投入为主体，银行贷款、社会融资为支撑的多元化投融资体系。一是加大政府投入力度。逐步增加地方财政对战略性新兴产业发展的投入总量。通过贷款贴息、补助（引导）资金等方式，加大对创新能力建设、研究开发和产业化的支持力度。二是鼓励金融机构采取银团贷款、融资租赁、股权信托等方式，加大对战略性新兴产业的支持。加快发展企业担保体系，抓紧建立完善知识产权等无形资产评估、担保、质押贷款机制。支持成长性好的企业上市融资，支持效益好的企业发行债券。三是广泛吸引社会资本投入，扩大直接融资比重。通过放宽投资准入限制，利用投资补助、贷款贴息、税收优惠等措施，鼓励、支持和引导社会资本投入战略性新兴产业领域。

（四）制定战略性新兴产业人才政策

人才是发展战略性新兴产业的关键。一是将人才队伍建设作为重大科技专项和重大工程的重点任务，着力培养造就一批熟悉国际国内战略性新兴产业市场、创新能力强、掌握专业技术的高水平的工程技术和管理人才，形成一批优秀创新人才群体和科研团队。二是加快发展职业教育，加大战略性新兴产业领域企业职工的在职培训力度，支持企业为高等学校和职业院校建立学生实习、实训基地。三是完善人才使用机制。改革和完善人才评价、激励机制，将科技成果转化和产权制度相结合，允许战略性新兴产业领域的国有企业对技术骨干和管理骨干实施期权等激励政策，通过技术创新成果参与分配、技术作价入股、科技人员持股经营、对技术成果进行奖励等方式，充分调动和激发优秀人才的积极性和创造性。四是在稳定和用好现有人才基础上，依托重点产业、重点企业、重大项目，采取更加优惠的政策措施引进国内外优秀人才进入战略性新兴产业领域。①

① 贵州省发改委：《贵州省“十二五”战略性新兴产业发展专项规划总体思路》2010年3月。

第七章　产业扶贫增强贫困地区自我发展能力

纳克斯（Ragnar Nurkse）在论述“贫困恶性循环”时曾经说道：“一国穷的原因就是因为它穷”（A country is poor because it is poor）。作为全国最穷的省份，贫困是贵州经济发展乏力、人力资本投资不足、公共服务薄弱、经济效率和社会福利低下的集中体现。中央对贵州省的贫困问题给予了持续不断的扶持和帮助，也把解决贫困问题作为新一轮的西部大开发的重要内容。但是只有在接受中央政府倾斜式财政转移支付的同时，增强贫困地区的“造血机制”，实施产业扶贫才是破解贵州贫困的重要途径，也是扭转贵州比较劣势的重要战略。

第一节　贵州贫困地区现状及产业化扶贫战略的选择

一　贵州扶贫开发和贫困现状

（一）贵州扶贫开发

贵州省一直高度重视贫困地区的发展问题，将扶贫脱贫作为全省第一民生工作，采取了一系列扶贫开发措施，并积极探索贫困地区脱贫致富的有效途径。贵州省坚持开发式扶贫方针，建立了以政府为主导、群众为主体、社会参与相协调的扶贫机制，构建了专项扶贫、行业扶贫、社会扶贫“三位一体”扶贫格局，同时把武陵山区、乌蒙山区、滇黔桂石漠化片区等集中连片特困地区所涵盖的区域作为扶贫开发的重点领域。通过不断加大扶贫资金投入，增加贫困地区基础设施建设投入，实施生态移民工程，发展特色优势产业及加快教育、卫生等民生事业发展等措施促进贫困地区发展。贵州在扶贫开发方面取得了一定的成果，探索了一些成功的模式。

在产业扶贫方面形成了“东油西果南药北茶中蔬菜面上牛羊”的扶贫产业基本布局。突出案例有：草地生态畜牧业的产业化科技扶贫“晴隆模式”；根据山区特点，旨在提高土地单位面积产出效益的“长顺山地农业扶贫开发模式”；西江民族文化旅游扶贫开发模式。此外，还有“整村推进、整乡数乡连片开发”的“印江经验”，由省直领导、部门联系和帮扶贫困县相结合的“集团帮扶”模式，以实施培训和发展教育为主的“智力扶贫”的贵州模式，以及综合扶贫的典型以“开发扶贫、人口控制、生态建设”为主题的“毕节模式”。

“十一五”期间贵州省全省已经累计投入财政扶贫专项资金 111.06 亿元；贫困人口从 777.7 万人（以 944 元为标准）减少到 505.3 万人（以 1196 元为标准），共减少农村贫困人口 272.4 万人，贫困发生率也从 23.9% 下降到 14.9%；贫困农民生活条件得到了极大的改善，2005 年以来，50 个国家扶贫开发工作重点县的农民年人均纯收入以 13.6% 的速度逐年递增，到 2010 年已达到 3105 元，而 2005 年仅 1641 元。

（二）贵州贫困现状

贵州省在农村反贫困取得了一定的成就，但是目前的贫困形势依然不容乐观：

一是农村贫困人口多、贫困发生率高。2010 年，贵州农村贫困人口达到 418 万，占全国 2688 万的 15.6%，仍是全国贫困人口最多的省份。2011 年，随着国家贫困标准提高到 2300 元，贵州省农村贫困人口也将随之达到 1521 万，贫困率高达 45.1%。

二是贫困人口分布广，民族区域贫困突出。目前，国家确定的 14 个集中连片地区中，武陵山区、乌蒙山区、滇黔桂石漠化片区三大片区在贵州均有分布，且分布面积很广。贵州省农村贫困人口分布广泛，重点贫困乡镇数比例较高。全省 88 个县（区、市、特区）中国家扶贫开发重点县 50 个，省级扶贫开发重点县 33 个，贫困乡 934 个，贫困村 13973 个，分别占全省总数的 56.8%、37.5%、64.6% 和 79.5%。83 个县中有扶贫开发重点村 13973 个，占全国 14.8 万个扶贫开发重点村的 9.44%。又特别是在黔南和黔东南等民族地区，其重点贫困乡镇数占乡镇数的比例更是高达 76% 以上，民族地区的贫困问题相当严重。

三是人均收入水平低。2010 年，贵州省 GDP 为 4594 亿元，仅为全国 GDP 总量的 1.15%；农民人均纯收入 3472 元，仅相当于全国平均水平的

58.7%；全省小康实现程度为59.4%，比全国平均水平低17.7个百分点。与发达的东部地区相比，差距更大。

四是城乡差距扩大。贵州贫困人口收入持续增长，但是城乡收入差距呈逐年扩大的趋势。2010年贵州省实现城镇居民人均可支配收入14142.74元，增长7%；农村居民人均纯收入3471.93元，增长12.6%；城乡收入比高达4.3，与重庆一起并列全国第一。

二　贵州贫困根源及特点

（一）贵州贫困根源

贵州的贫困既有自然地理原因，也有人文原因。贫困问题与民族地区发展并存，石漠化问题与生态环境问题交织，人口素质不高与基础设施建设滞后、基本公共服务历史欠账极多相互影响，是造成贵州长期处于贫困状态的根源。

第一，地理环境恶劣。贵州省是全国四大生态脆弱带中自然条件最差、脱贫难度最大的地区。贵州的地貌以高原山地、丘陵和盆地三种基本类型为主，山地和丘陵占全省土地面积的92.5%，全省喀斯特出露面积占71%，石漠化区域已达3.59万平方公里，占全省总面积的20.39%，是全国石漠化最突出的省份，并每年仍以2%—3%的速度扩大。由于特殊的地理环境导致大多数农村居民居住分散。

第二，人力资源缺乏。贵州农村人口多，但人口素质低，是农村地区贫困的主要原因。在边远落后的农村尤其是民族村镇，受继承“香火”等传统惯性思想的影响，计划生育政策很难执行，“越穷越生、越生越穷”的恶性循环现象比较普遍。2009年15岁及以上国民平均受教育年限与全国平均水平相比低1.7年左右，甚至低于全国1999年水平，人力资源开发比全国落后10年以上。提高劳动者素质、扶贫先扶智在贵州显得更为迫切。

第三，农村基本公共服务滞后。在教育方面，虽然贵州“两基”任务已达标，但学生质量呈下降趋势。民族地区的农村子女辍学率高，尤以女性为主，大多数只是上到小学或者小学毕业就外出务工、回家务农等。此外，高等教育和职业教育的数量和质量也不足，高等教育毛入学率倒数第三，高中阶段毛入学率倒数第一；在医疗卫生方面，截至2010年，每千人口亿元和卫生院病床数倒数第三，在农村卫生条件较差、地区医疗卫生资源短缺；道路、水利等基础设施供给不足且供给不均衡。全省等级公路站公路总里程的比重居全国倒数第一、高速公路占比位居全国第27位；农田水利设施建设不足，有效灌溉面积占全国更低，比重排倒数第一。直到2010年年末仍有1300万人存在饮水安全问题，约35万户贫困群众居住在深山区、石山区、高寒山区、地质灾害易发区。

第四，产业发育层次低。首先，受自然资源、地理位置、人力和资金等多种因素的制约，贵州特色产业规模小、分布零星、链条短、附加值低、流通不畅、市场占有率小的特征突出。加之，农村市场和农业服务体系建设薄弱，产业体系不健全。贫困群众从各产业获得的收入都不高，大多数地方性特色产业难以成为带动贫困群众增收的主导产业。其次，农业市场化程度较低。在很多偏远山区和民族地区的农业发展，还处于自给农业，农业产业化和市场化开发不足。

第五，自然灾害返贫问题突出。目前，贵州贫困人口主要生活在生态环境较差的地区。自然灾害的频发加剧了贵州农村的贫困，使得刚刚脱贫的群众又陷入贫困之中。近年来，贵州自然灾害和地质灾害频繁发生，低温凝冻、风雹、洪涝、干旱等灾害较多，加之农业生产防范措施薄弱，因灾致贫、因灾返贫问题较为严重。如2011年西南地区发生的罕见干旱，贵州全省88个县（市、区）均不同程度受灾，其中31个县特旱，39个县重旱，这些地区多是贫困地区、山区和少数民族地区。①

（二）贵州贫困的特点

概括起来，贵州的贫困呈现出以下特点：

一是多种贫困并存。贵州大多数贫困人口是因为生存和发展环境恶劣、文化技术素质低、居住分散、构成复杂等导致的贫困，属于“绝对贫困”。并呈现出绝对贫困与相对贫困并存，区域贫困与结构性贫困并存，物质贫困与素质贫困并存，贫困长期性与复杂性并存。

二是程度深。贫困地区集中分布在喀斯特山区、高寒偏远山区以及少数民族聚居地，生态环境风险高、农业比例大、就业机会少。基础设施薄弱导致经济发展后劲不足，喀斯特环境性贫困突出，贫困人口增收难度大，已经解决温饱的人口不平衡、不稳定的状况突出。

---

① 廖小东、曹文波：《西部地区农村贫困的现状、原因及对策研究——以贵州省为例》，《吉首大学学报》（社会科学版）2010年第11期。

三是返贫率高。贵州省农村的返贫现象普遍。首先从地域分布上看，石山区、高寒区和少数民族聚居的边远地区“三区”地带生产、生活条件比较恶劣，人口素质相对较低，因而返贫率较高；其次从个体上看，返贫户多表现为收入来源不稳定，收入渠道单一，文化科技素质较低。

三 产业扶贫增强贫困地区自我发展能力

经济增长是解决贫困问题的关键。根据相关研究，20 世纪 90 年代我国贫困人口减少与经济增长的弹性系数为 -0.8，即 GDP 每增长 1 个百分点，农村贫困人口减少 0.8 个百分点。对于贵州特殊的省情来说，经济增长更为重要。因此，促进产业发展，带动贫困地区经济增长，是增强贫困地区自我发展能力的核心，也是推动贫困地区跨越式发展的重要路径。

贵州的贫困，虽然表现为农村及民族地区的贫困，但是其根源还是在城市，主要是工业和城市在带动农业和乡村发展的实力没有真正发挥出来。只有在工业化和城镇化发展到一定的基础上，推动农业现代化发展，从而带动贫困地区发展。以“三化同步”思想指导贵州扶贫开发的意义在于，以实现工业化使农民增收致富、城镇化带动农村发展、以产业化提升农业现代化水平。

《中国农村扶贫开发纲要（2011—2020 年）》把 14 个集中连片特殊困难地区作为我国扶贫开发的主战场。贵州目前有 66 个县被纳入武陵山、乌蒙山和滇黔桂石漠化 3 个片区，3 个片区贫困人口占全省贫困人口总数的 85% 以上。因此，可以说解决了这三大片区的贫困问题，就解决了贵州全省的贫困问题。集中连片区域基础设施薄弱，经济发展水平低，特色产业滞后，基本公共服务不足，生态环境脆弱特征明显。因此，在加强其基础设施建设、提高基本公共服务水平的同时，产业扶贫才是增强片区和贫困人口自我发展能力的根本途径，贫困地区特色优势产业发展状况也是衡量扶贫开发工作成效的主要标志。

因此，三化同步思想为指导，以产业扶贫推动集中连片特困区发展为核心，并在产业扶贫中处理好经济与环境的关系，是促进贫困地区跨越式发展的总体思路。

第二节 产业扶贫与贵州武陵山区自我发展能力培育

一 武陵山片区产业扶贫的基本方略

武陵山片区集革命老区、民族地区和贫困地区于一体，是跨省交界面大、少数民族聚集多、贫困人口分布广的连片特困地区。具有连片特困地区的典型特征：基础设施薄弱，市场体系不健全；经济发展水平低，特色产业滞后；社会事业发展滞后，基本公共服务不足；生态环境脆弱，承载能力差。贵州有16个县市属于该片区。武陵山区是集中连片特困地区的典型代表，国家已经决定率先启动该片区扶贫攻坚试点，旨在为其他连片特困地区扶贫开发积累经验、提供示范。

根据武陵山片区资源禀赋状况、区位特点和产业发展基础，加快形成具有区域特色的产业体系和支柱产业，增强片区造血功能和内生动力，是区域发展和贫困人口脱贫致富的必要条件。武陵山区产业化扶贫要建立健全带动贫困户增收的利益联结、分享机制，按照“区域发展带动扶贫开发，扶贫开发促进区域发展”基本思路，优化发展环境，加强基础设施建设和生态建设；增强自我发展能力，培育特色优势产业；夯实农村发展基础，改善农村基本生产生活条件；促进人力资源开发，提高贫困人口综合素质；发展社会事业，推进基本公共服务均等化；加快体制机制创新，形成全方位协作和全社会扶贫新格局，促进武陵山片区经济社会又好又快发展，率先实现连片贫困地区区域发展与扶贫攻坚目标。①

二 武陵山片区特色优势产业构建

（一）旅游业

武陵山具有独特的民族文化和山水生态旅游资源优势。以中心城市为依托，构建特色旅游组团。以交通通道为纽带，以重点旅游景区为依托，着力打造精品旅游线路。加强与区外旅游热线的链接和旅游区域合作，开展联合营销，建立区域合作机制，构建跨区域旅游协作网。建成面向省内外的生态文化旅游区。

① 本部分参考了《武陵山片区区域发展与扶贫攻坚规划（2011—2020年）》。

改善旅游交通条件，完善景区设施，提升城镇旅游服务功能，开发多元化旅游产品，促进片区旅游业发展。

（二）特色农业

重点是大力发展特色高效农业。加快推进区域性特色农林产品基地建设，实施一批重大特色农林业项目，建设一批特色农林产品标准化良种繁育基地。抓好“节粮型”特色畜产品养殖基地建设。大力发展中药材种植，建设一批符合中药材生产质量管理规范（GAP）的生产基地。完善农业技术支撑体系，加强各级农业科研院所力量，提高科研研究成果运用水平。加强市场体系建设，完善农产品市场、生产资料市场和农村消费品市场建设。

（三）加工制造业

武陵山片区农林产业基础相对较好，适宜发展农林产品加工业，特别是油茶、茶叶、烟叶、蚕茧、蔬菜、水果、竹木和畜禽产品加工，生物制药产业。片区内锰、铁、铝、汞、磷、石膏等矿产资源丰富，适合发展矿产资源加工业。在安全环保等配套基础设施完善达标及运行管理水平有保障的前提下，统筹规划，适度发展地方矿产资源，延长产业链条。提高资源综合加工能力，严格保护生态环境，发展循环经济，淘汰落后产能。

此外，铜仁市机械工业具备一定的产业基础和劳动力资源优势，积极承接产业转移，发展农用机械、通用机械，培育一批主业突出、技术领先、管理先进的龙头企业。

（四）现代服务业

结合区域特点和发展需要，重点发展现代物流业、商贸服务业、金融和信息服务业。充分发挥铜仁等地的交通优势和集散能力，建设区域综合性物流中心，完善与物流相配套的运输场站、仓储、商品配送、信息网络服务等综合服务平台，积极发展第三方物流。加强城乡商业网点和农产品批发市场建设，形成以专业批发为主、特色零售为辅，辐射功能强、业态完整、服务配套、规范有序、活跃繁荣的商贸服务格局。完善城乡金融服务体系，提升中心城市金融综合服务能力，扩大农村金融服务覆盖面。加强科技信息服务的区域合作，提升科技服务水平。积极推进电子政务、电子商务、远程教育和医疗等信息综合应用和资源共享。

（五）民族文化产业

推进特色民族文化品牌传承与保护，大力扶持民族文化精品工程，扶持体现民族特色和国家水准的重大民族文化产业项目，建设具有浓郁民族特色的少数民族文化产业园区和民族传统体育基地，在加强民族文化设施建设和民族文化及自然遗产保护的同时进行科学开发。

（六）产业结构调整与产业协作发展

推进节能减排和发展循环经济，加强资源节约和管理，强化矿产资源综合利用，推进资源再生利用产业化，促进产业结构优化升级。利用当地的产业基础和资源优势，以市场为导向，积极承接东部地区和省会城市产业转移，把承接产业转移与调整自身产业结构结合起来，促进产业转型升级，提升市场竞争能力。建立产业协作发展机制。积极探索产业协作发展利益共享机制，促进产业优化布局，重点建设铜仁等地的特色产业集聚区，引导企业集聚发展，形成优势资源共同开发、产业园区共同建设、发展利益共同享有的产业协作发展格局。支持异地兴办工业园区，实现基础共建、产业共育、利益共享、环保共担的机制。①

第三节　产业扶贫与贵州乌蒙山区自我发展能力培育

一　乌蒙山区产业扶贫的基本方略

乌蒙山片区②的战略定位是“扶贫、生态与人口统筹发展创新区”、“长江上游重要生态安全屏障”、“民族团结进步示范区”、“国家重要能源基地”和“面向西南开放的重要通道”。

具体举措包括：

加强基础设施和生态建设，改善区域发展条件。加快建设一批重大铁路、公路、机场项目，推动毕节、遵义交通枢纽建设，构建和完善乌蒙山区综合交通网络；壮大特色优势产业，培育新的经济增长点。依托资源优势，因地制宜承接产业转移，促进产业园区集约发展，形成具有区域特色

① 本部分参考了《武陵山片区区域发展与扶贫攻坚规划（2011—2020 年）》。

② 乌蒙山规划区域范围：包括四川、贵州、云南三省毗邻地区的 38 个县（市、区），贵州省毕节市的七星关、黔西、织金、纳雍、威宁（含六盘水市钟山区大湾镇）、赫章、大方和遵义市的赤水、习水、桐梓 10 个县市区处于该片区，面积 3.25 万平方公里，占全省总面积的 18.5%，人口 944 万人，其中贫困人口 376.42 万人，占全省贫困人口的 24.7%。

的产业体系。建成和完善毕节小坝高新技术产业园、大方药品食品产业园、威宁经济开发区、桐梓经济技术开发区等产业园区；提高基本公共服务水平，加快社会事业发展；提高自我发展能力，加强人力资源开发；推进体制机制创新，形成扶贫攻坚合力。①

二　乌蒙山区特色优势产业构建：以毕节市为例

毕节市第一产业在烟草种植、生态畜牧业、特色果业、蔬菜产业、茶产业、中药材产业等产业具备一定基础，未来时期应坚持产业发展生态化、生态建设产业化，以提高科技含量和单产为重点，以促进农业增效、农民增收、农村发展为核心，增强农业综合生产能力、抗风险能力和市场竞争力。进一步加大农业结构调整力度，稳定发展粮食生产，巩固提升"两烟"、马铃薯和油菜产业，扎实推进发展生态畜牧业、特色果业、蔬菜产业、茶产业、中药材产业五大特色产业。加快形成一批集中连片、规模经营的种植（养殖）基地、一批农产品加工园区、一批农产品专业批发市场、一批农产品"乌蒙"品牌，把毕节试验区打造成为我国西南独具特色的农产品生产加工基地。

本地煤、磷、硫、铅锌、水能、风能等能源矿产资源丰富，生物资源多样，旅游资源独具特色，且资源组合条件较好，布局较为集中，为加快资源开发创造了优越条件，为分区开发利用、建设大型矿山、发展骨干产业创造了有利条件。

鉴于毕节实际条件，加工制造业发展基本途径是：按照"园区化承载、集群化推进、循环化发展、大企业引领、大项目带动"的要求，培育壮大煤炭、电力、化工、冶金、装备制造、烟酒、纺织、建材、新兴等十大支柱产业，加快推进工业园区建设，形成具有较强集聚效应、经济拉动效应和生态效应的 3 个新型工业化产业基地及 9 个工业园区，着力扩张工业经济总量。力争把毕节市建成南方重要的能源基地、全省重要的资源深加工基地、装备制造业基地、农特产品加工基地、承接东部产业转移基

---

① 《乌蒙山片区区域发展与扶贫攻坚规划（2011—2020 年）》指出，围绕构建"三位一体"大扶贫格局，坚持"中央统筹、省负总责、县抓落实"的管理体制和"片为重点、工作到村、扶贫到户"的工作机制，继续深入开展集团帮扶、党建扶贫、"四帮四促"和"两万干部下基层、扎扎实实帮群众"等活动。创新财政扶贫资金投入模式，搭建扶贫开发投融资平台。建立农业政策性保险制度。大力推广毕节"力帆"产业扶贫合作新模式。加强与对口帮扶城市的交流沟通，积极推进共建产业园区，促进招商引资、企业合作和利益共享。大力推进"同心工程"建设，巩固发展民主党派、工商联和无党派人士参与贫困地区实现科学发展的新途径和新办法。

地，推动工业产品结构由初级为主向中、高端和高附加值为主转变。

第一，做优做强能源产业。整合提升煤炭产业，有序发展电力产业，大力发展资源深加工产业（煤磷硫化工、冶金等）。

第二，加快发展装备制造业。抓住全省大力发展装备制造业的有利时机，以毕节高新技术产业基地为平台，强力推动力帆骏马二期项目建成投产，扩大载货汽车生产能力；引进发展汽车零部件制造业；大力发展新型矿山机械和山地特色农机具、农特产品加工机械等装备制造业。形成农用机械、矿山机械等装备和零部件的产供销一条龙服务体系，成为省规划的“国家重要特色装备制造业基地”的重要组成部分。

第三，全面振兴传统产业。加快发展烟酒产业、重点培育纺织业、大力发展建材产业、加快发展食品医药产业。

第四，积极培育战略性新兴产业。培育和发展新能源、新材料、先进制造、生物技术、电子信息等具有比较优势的特色新兴产业，为区域未来发展高新技术产业点奠定基础。

现代服务业方面，根据自然与人文资源优势和全区未来交通发展的重要节点，将毕节建设成为“生态旅游基地、文化旅游基地、避暑度假基地、特种旅游基地、旅游扶贫基地和参观学习基地”，成为国家喀斯特生态旅游示范区，成为惠及大众的“国民旅游基地”①。依托地处川滇黔三省结合部的区位优势，利用“十二五”期间即将建成的综合交通枢纽、中心城市和工业基地，加快物流基础设施建设，把毕节打造成省域重要物流中心。尽快形成布局合理、功能完善、线点结合的园区物流网络，引进国内外知名物流企业，对区内小、乱、散的物流产业有效整合，尽快建成综合型和集散枢纽型的物流园区。发展生产性物流业，积极培育生产性物流服务市场，鼓励生产企业将原材料采购、运输、仓储、加工等业务从核心业务中分离出来，加快建立物流服务网络体系。大力发展代理制、配送中心、直达供货、连锁经营等第三方物流企业，培育多式联运、货运中转站、散货集中配送、快递等新型物流业态。②

① 本部分参考了《毕节地区国民经济社会发展第十二个五年规划纲要》，毕节地区已经于2011年11月撤地建市。

② 黄喜文：《充分发挥“毕节经验”引领示范作用　推进乌蒙山片区区域发展与扶贫攻坚》，《贵州日报》2012年2月24日。

第四节 产业扶贫与贵州滇黔桂石漠化片区自我发展能力培育

一 滇黔桂石漠化连片特困区产业扶贫的基本方略

贵州省是全国石漠化面积最大的省份。贵州省轻度以上石漠化面积为35920平方公里，占国土面积的20.39%。其中，轻度石漠化面积22733平方公里，中度石漠化面积10518平方公里，强度石漠化面积2669平方公里。另外，尚有43714平方公里的土地有潜在石漠化趋势。滇黔桂石漠化片区覆盖云南省、广西壮族自治区和贵州省82个县，其中包括贵州省三州（黔东南州、黔南州、黔西南州）二市（六盘水市和安顺市）涉及41个县，占该片区总县数的50%，占贵州省（市、区、特区）总数的46.59%，是三大片区中贵州省涉及县数最多、贫困面最广、石漠化最为严重的一个片区。

贵州滇黔桂石漠化片区面临着严峻的经济发展与环境保护的双重任务。一方面，石漠化区域自然条件严峻，土层非常容易遭到破坏，生态环境脆弱和退化将直接影响到贫困人口的收入；另一方面，人们不合理和过度的资源开发又会导致环境的恶化。出现环境与贫困的恶性累积循环，即“环境脆弱—贫困—掠夺资源—环境退化—贫困加剧”的循环。因此解决贵州滇黔桂石漠化片区的贫困问题，就要加快这些地区的石漠化治理。在石漠化治理中要注意环境效益和经济效益的结合，即通过生态治理控制水土流失，改善农业生产条件和生态环境的同时，发挥地方资源优势，发展特色优势产业。对于石漠化区域特殊的地理环境，已不适宜进行大规模的矿产资源开采和工业活动，只有充分利用本地的农林资源发展生态产业。通过石漠化治理实现生态效益、经济效益和社会效益，是石漠化区域贫困人口摆脱贫困的基础。

二 滇黔桂石漠化连片特困区生态治理与生态产业构建[①]

（一）滇黔桂石漠化片区石漠化类型划分

根据各区域岩溶地质、地貌、岩溶生态环境、石漠化成因以及自然资

① 本部分参考了《贵州省水利建设生态建设石漠化治理综合规划》2011年7月。

源、经济社会条件特征，可以将贵州省岩溶地区划为岩溶峡谷石漠化区域、岩溶断陷盆地中强度石漠化区域、岩溶高原石漠化区域、峰丛洼地石漠化区域、岩溶槽谷石漠化区域五大类型区域。

1. 岩溶峡谷石漠化区域

涵盖六盘水市的中山、水城、六枝，安顺市的关岭、黔西南州的晴隆、贞丰、兴仁等地。该区域地形起伏大，土层薄、土壤侵蚀严重，陡坡开垦、砍伐薪材现象严重，森林覆盖率低，水源涵养任务重，生态承载能力弱；耕地质量差，农业生产方式粗放，土地产出率低，粮食不能自给，人地矛盾突出；水资源丰富，但开发利用率低。

2. 岩溶断陷盆地中强度石漠化区域

主要包括六盘水的盘县和黔西南州的普安县。该区域农村能源短缺，水资源开发利用率低，制约了土地光热资源的开发利用，基本农田少，陡坡开垦问题突出，加之该区域是贵州省煤炭主要生产基地之一，长期煤炭开采等工矿活动，加速了土地石漠化。

3. 岩溶高原石漠化区域

包括安顺大部分、黔东南州西部和黔南州北部。该区域是贵州省岩溶地区人口密度最高的区域，经济活动和农业生产活动频繁，用地需求大，土地垦殖率高，加剧了石漠化，石漠化治理任务重。

4. 峰丛洼地石漠化区域

范围包括黔西南州的兴义、安龙、册亨、望谟和黔南州的罗甸、平塘、独山、三都、荔波等县（市）。该区域石漠化等级高，土壤流失严重，旱涝灾害频繁发生，人畜饮水困难，耕地承载力低，农村能源缺乏，贫困面大，贫困程度深，是国家扶贫开发工作重点线集中分布区。

5. 岩溶槽谷石漠化区域

范围包括黔东南州凯里、镇远、施秉、黄平、岑巩等县（市、区）。该区域生态环境相对良好，珍稀野生动植物资源丰富，水土资源条件较好，土地承载能力较强，但境内碳酸盐集中分布，石漠化治理难度大，呈扩展趋势。

（二）不同类型石漠化区域的生态治理和生态产业构建

1. 岩溶峡谷石漠化区域

重点开展以封山育林、人工造林种草为主的植被建设，提高植被覆盖率；加强水源工程建设和坡改梯；对陡坡耕地实施退耕还林还草，积极发展特色农林产业和草食畜牧业；加大水土资源保护和开发力度，提高水土资源综合利用能力；积极发展特色经果林、早熟蔬菜和种养结合的庭院经济；依托良好的景观资源，积极发展生态旅游业。

2. 岩溶断陷盆地中强度石漠化区域

在保护好现有林草植被的基础上，重点加强封山育林育草、人工造林和特色产业开发；积极营造生态林和薪炭林，发展人工种草和草地改良，提高植被覆盖度；加强水资源的开发利用，保障人畜饮水和生产用水；充分发挥区域光热资源优势，大力发展林果、中草药、草食畜牧业等产业，拓宽经济发展渠道。

3. 岩溶高原石漠化区域

加强林草植被保护，重点保护和建设水源涵养林，大力开展封山育林育草、人工造林、人工种草和退耕还林，提高植被覆盖度；实施坡改梯、改造中低产田、建设稳产高产基本农田，扩大耕地面积，提高土地生产力；积极发展草食畜牧业等特色农业，优化农业产业结构，推广高效现代农业模式。

4. 峰丛洼地石漠化区域

重点发展人工造林、人工种草、草地改良、封山育林育草，保护和增加林草植被，提高植被覆盖度；加强基本农田设施建设，开发利用坡面径流、岩溶表层泉水资源，满足灌溉用水、人畜饮水需求；建设排涝沟渠，防治洪涝灾害；充分利用水资源，实施小水电代燃料工程，拓宽农村能源渠道；实施坡改梯，蓄水保土，增加耕地面积，提高土地利用率；适度开展生态移民。

5. 岩溶槽谷石漠化区域

加强水资源保护，合理调配水资源，保持水土，完善水利设施；调整农业产业结构，发展草食畜牧业和经果林，实施坡改梯，建设稳产高产基本农田，提高耕地生产力。

（三）黔西南州石漠化区域产业扶贫实践

黔西南州是我国石漠化最严重的地区之一，该州国土面积的73.65%属喀斯特地貌，其中石漠化面积就占全州面积的29.9%。黔西南州在石漠化治理和发展生态产业的结合中取得了一些成果，创造了“晴隆模式”、“坪上模式”、“顶坛模式”和“者楼模式”，为其他区域石漠化区域的生态治理和产业发展提供了借鉴。

1. 高海拔区种草养羊的“晴隆模式”

晴隆县莲城镇江满村，坐落在海拔1580米的高山上，石漠化程度非常严重。2002年，晴隆县成立草地畜牧业开发中心，实施“公司+基地+农户”的种草养羊模式。2011年，晴隆县羊存栏达23.5万多只，累计扶持养羊农户1.1万多户，75%实现脱贫。①

2. 中海拔种植金银花的“坪上模式”

贞丰县珉谷镇坪上村，位于海拔800米左右的喀斯特山区。20世纪90年代中期，政府引导农民种植金银花。目前已发展到上万亩，年产量达到120多万斤，获得了水土流失治理和经济增收的双重效益。

3. 低海拔种植花椒的“顶坛模式”

贞丰县顶坛片属高温岩山地区，石漠化占总面积的80%。当地通过在石漠化的地表上种植花椒，实现生态保护和农民增收。目前，贞丰县北部的花椒种植面积已经超过6万亩，全片区的石漠化治理率达92%，水土流失防治率达94%，农民年现金收入4000多元。

4. 在河谷地区种植蔬菜的“者楼模式”

册亨县者楼镇在低热河谷地区规模发展早熟蔬菜，并在地理气候条件相似地区大力发展蔬菜、茶叶、甘蔗、中药材、林果等特色产业，实行产、供、销一体化运作的模式，收效较好。②

---

① 《晴隆模式：石旮旯里的财富传奇》，《贵州日报》2010年9月9日。

② http://paper.ce.cn/jjrb/html/2012-04/28/content_206254.htm.

第八章　结论与建议

一　主要结论与观点

贵州自公元1413年建省以来和国内其他地区相比始终处于落后状态。新中国成立以后，“三线建设”在特殊的历史背景下对贵州基础设施、现代工业体系、科技文化教育等曾经产生过显著的影响，但这种特殊的建设方式并未能显著增强贵州的自我发展能力。世纪之交，中央做作出实施西部大开发战略的重要部署，对包括贵州在内的广大西部地区实施综合全面开发。前十年的西部大开发注重西部基础设施建设、生态环境保护、科技和教育、产业结构调整等领域的基础性工作，希望尽快为西部地区加快发展提供支撑。经过前十年“输血式”大规模扶持，贵州和西部其他地区在相关领域取得了显著成就，经济社会发展水平亦明显改善。但是横向比较，2009年贵州经济社会发展各项指标依然在全国和西部排名倒数，并未走出“低水平陷阱”。

自西部大开发战略启动之初，中央已经意识到如何增强西部自我发展能力问题，希望通过一段时期的倾斜式扶持之后，西部地区能够显著增强自身“造血能力”，在未来时期主要依靠自身实力取得持续、快速发展。2010年中央西部开发工作会议明确提出，下一阶段的西部大开发将以增强自我发展能力为主线，更加注重经济结构调整和自主创新，着力推进特色优势产业发展。

本书在文献研读、分析时代背景的基础上，对自我发展能力的内涵进行科学界定，认为增强贵州和西部其他地区自我发展能力主要是要求各地能够发挥自身比较优势、形成竞争优势，能够在开放环境下通过集聚各种资源形成内生动力和内生增长机制。这就需要各地在进一步加强基础设施建设、进行生态环境保护和建设、发展科技教育、深化对内对外开放的同时，按照新型工业化道路要求加快特色优势产业体系构建和完善。

在界定自我发展能力内涵的基础上，本书构造了区域自我发展能力评价体系，搜集和整理了相关数据资料，运用多元统计方法测算了西部各地2009年自我发展能力相对水平。贵州在西部12省（区、市）中位居第九，仅好于西藏、青海和甘肃，情况不容乐观。贵州自我发展能力水平低下的主要原因在于：城镇化水平、工业化水平和发展速度、财政自给程度、人力资本存量、制度保障能力和发展基础等决定性重要指标不够理想；此外，贵州的基础设施、公共服务、人均固定资本存量和能耗水平也相对落后。这些方面是贵州的主要差距，也是未来时期需要努力的主要领域。

贵州自我发展能力较差，其根源主要在于当地工业化水平较低、缺乏能够带动全省经济快速发展的特色优势产业体系。2009年，贵州工业企业总资产贡献率为10.69%，和全国相比低2.75个百分点，相当于全国水平的79.54%。全部工业总资产贡献率在西部仅高于西藏、青海和宁夏，位居第九，和内蒙古、云南、新疆等地相比差距较大；特色优势产业总资产贡献率位居西部第六，属中等水平。作为贵州特色优势产业代表的电力、烟草、煤炭和饮料四个行业，尽管自西部大开发以来获得较快发展，但经营绩效在西部位居中游，各产业与全国同行业平均水平相比除烟草外其余三个行业绩效均低于全国同行业平均水平，优势并不明显。

贵州经济社会发展总体水平较低，贫困面广量大、贫困程度深，主要贫困人口集中在武陵山区、乌蒙山区、滇黔桂石漠化地区等集中连片特困地区。贫困地区的典型特征是基础设施薄弱、市场体系不健全、产业发育层次低、教育和人力资本积累基础差。前一阶段的“输血式”救济对于解决贫困人口一时的生存需要作用显著，但对于贫困人口增强造血机能实现脱贫致富成效不大。新时期国家扶贫规划同样意识到增强贫困人口自我发展能力问题，贵州贫困地区也需要将集中连片地区作为扶贫开发主战场，重点通过产业化开发扶贫加快贫困地区全面小康社会建设。

从发展阶段看，贵州处于要素驱动阶段，这一阶段的典型特征是对自然资源的依赖。贵州作为一个户籍人口超过4000万的省份，必须要有强大的产业体系尤其是加工制造业体系支撑经济社会的加快发展，资源优势转变成为经济优势的关键环节就在于加工制造业的规模扩大和价值链攀升。

针对贵州的特殊省情，本书强调：一是要充分发挥资源富集的比较优势，实施发挥优势战略，培育和发展特色优势产业体系，通过经济结构调整和自主创新，大力增强“造血”机能，着力提升电力、烟草、煤炭和饮料行业以及文化旅游等优势产业竞争力，并积极发展战略性新兴产业，实现特色优势产业体系向现代产业体系的转变；二是要直面落后和贫困的现实，实施克服劣势战略，通过连片扶贫开发、基本公共服务均等化、推进“三化”同步等重大举措，着力培育贫困地区自我发展能力，努力实现贫困地区跨越式发展，实现脱贫致富，推进贫困地区和全国同步实现小康。

为有效助推特色优势产业体系的完善、尽快增强贵州自我发展能力，本书建议还需在以下几个方面重点推进：第一，进一步完善基础设施。坚持把交通、水利等基础设施建设放在优先位置，按照统筹兼顾、合理布局、适度超前的原则，加快构建现代基础设施体系，提高服务水平，增强对经济社会发展的支撑能力。第二，深化体制改革，提高制度保障能力。坚持解放思想，与时俱进，坚持深化改革，扩大开放，以改革促发展，以开放促开发，不断破解体制机制障碍，努力开创经济社会发展新局面。第三，增强要素保障能力。努力化解金融、土地等要素制约，促进重大项目引进和落地。第四，放水养鱼，积极招商引资。争取国家支持，在贵州这样一个全国经济发展水平最低的省份，为企业提供更多税收优惠和投资便利，加快产业集聚的形成。

二　区域政策建议

增强贵州自我发展能力，除了硬件建设之外，体制机制建设是重要保障。贵州近年来体制机制建设虽然取得了一定成效，但对照 2020 年前建立完善的社会主义市场经济体制的目标要求，在一些重点领域和关键环节的改革依然滞后，经济和社会结构、所有制结构、城乡结构、收入分配结构、要素投入结构等结构性矛盾依然比较突出，经济发展方式转变的压力较大，一些涉及深层次利益调整的改革任务有待实现重大突破。主要表现在投融资体制改革没有根本性突破，尚未形成以市场为主决定资源价格的机制，国有企业改革有待进一步深化，非公有制经济发展的体制和政策环境有待进一步改善，社会管理创新有待进一步加强，行政管理体制尚需进一步完善、理顺，民营经济发展力度有待进一步加大，整体对外开放水平有待进一步提高等。

第一，深化财税金融投资体制改革，完善宏观调控体系。

加快推进公共财政体制改革，深化预算制度改革，健全转移支付制度，完善省级以下财政体制，健全公共财政职能，推进基本公共服务均等化；建立国有资本经营预算制度，集中解决国有企业发展中的体制性、机制性问题，促进国有资本的合理配置。加快税收制度改革，建立有利于产业结构升级、资源节约和环境保护的税收体制。加快金融体制改革，继续整合省内地方性金融资源，提升全省金融投资集团的资本实力；切实推进“引银入黔”战略，健全金融服务体系，形成多种所有制和多种经营形式、结构合理、功能完善、高效安全的现代金融体系。加快投融资体制改革，强化企业投融资主体地位，规范政府投资行为，切实加大对贵州实体经济的投入，有效解决其融资难、融资贵问题。积极组建一批以行业投融资为基础的专业化投资公司和跨领域的综合性投资公司，使之充分发挥投融资平台作用，促进投资来源多元化。

第二，推进资源要素市场化，深化资源配置改革。

一是积极推进全省资源性产品价格改革，完善价格形成机制，适当提高资源所有权在分配中所占的比重，使资源产品因反映资源稀缺性和环境损害成本而增加的销售收入能够真正用于开发替代资源和保护环境；大力发展资本市场，加快培育上市后备资源，努力推动优质企业上市，同时积极探索非公开增发、超额配售权、认股权证、分拆上市、分离交易可转债等新方式、新工具，促进上市公司发展。在进一步完善全省商品市场的同时，规范发展产权、土地、劳动力、技术、房地产、信息等要素市场和各类市场中介组织，推进现代市场体系建设。二是要加快推进销售电价改革，试行居民用电阶梯价格制度。完善水电、火电及可再生能源电价形成机制，选择具备条件的市州开展竞价上网试点。择机推出成品油价格改革方案，缩短调价周期，改进调价操作方式，提高机制运行透明度。合理调整水资源费征收标准、水利工程和城镇供水价格，加大水价成本公开力度。制定排污权有偿使用和交易试点工作指导意见，建立主要污染物排放权交易制度。

第三，打破行业垄断，深化国有企业改革。

继续深化以建立现代企业制度为目标、以产权制度改革为核心、以股份制为主要形式的国有企业公司制股份制改革，加快健全现代企业制度。完善国有资产监督管理体制，加大国有资本调整和国有企业重组力度，推动国有资本向大公司大集团、向优势特色支柱产业和关键领域聚集，做强做大一批优势国有企业，确保国有资产保值增值。与此同时，要坚决破除体制障碍，推进市场公平准入，改善融资条件，健全服务体系，完善创新政策，激发全民创新创业，有效促进个体、民营经济和中小企业更好更快发展。

第四，加强社会管理创新，深化行政管理体制改革。

完善收入分配制度，健全劳动、资本、技术、管理等生产要素按贡献参与分配的制度，正确处理效率和公平的关系，合理调节收入分配。深化就业体制改革，继续实施积极的就业政策，建立健全社会就业的社会援助制度，促进以创业带动就业。加快社会保障制度改革，完善企业退休人员基本养老金正常调整机制，健全城乡最低生活保障制度，探索开展农村社会养老保险试点，不断完善社会救助体系。深化教育体制改革，坚持优先发展教育，继续推进义务教育均衡发展，不断提高高等教育质量。建立完善的住房保障体系，加快推进医疗、卫生、科技、文化、社会管理等方面的改革，让人民群众得到更多实惠，促进社会公平正义。按照建立服务型、法治型、效能型政府的目标，建设公共服务型政府。加快政府职能转变，探索实行职能有机统一的体制，以发展社会事业和解决民生问题为重点，优化公共资源配置。继续推进政企、政资、政事以及政府与市场中介组织分开，深化行政审批制度改革，加强各级政务服务中心建设，完善政府信息公开制度，规范行政行为，提高各级机关行政效能。

第五，大力发展民营经济，以改革促进开放。

一是进一步放宽产业准入限制，加快民营企业产业升级。二是着力优化信贷结构，加大对社会经济重点领域和薄弱环节，特别是“三农”、中小企业、保障性住房的支持力度。政府要加强对企业的扶持，加强企业内部信用管理，健全企业信用评价体系；加大金融中介机构建设，建立健全担保体系，发展直接融资，鼓励民营企业通过股份制改造上市、产权转让、典当、拍卖等方式直接融资；加快银行体制改革，增加商业银行的服务意识，推动银企合作，探索成立全省为中小企业服务的民营企业银行及金融服务组织等。三是强化民营企业创新能力。加大技术创新投入，构建立新型的“政、产、学、研、金”一体化模式，鼓励其在企业内部建立规范的法人治理结构，促使其实现所有权和经营权的分离，构筑企业全新的治理机制。四是大力发展产业集群，做强做大做优产业集群龙头企业。产业集群地政府要积极培育发展主导产业，重点支持优势企业和龙头企业开展技术创新和技术改造，培育区域产业集群品牌，鼓励和引导产业集群中小企业创建驰名商标、名牌产品，提高企业知名度；加强产业集群公共服务平台建设，围绕产业集群发展“瓶颈”，加强以信息咨询、人员培训、产品交易、物流配送为配套的公共服务平台建设，建立与产业集群相适应的公共服务体系。五是优化民营企业人力资源，为民营企业产业结构调整提供人力保证。促进人才资源合理流动和优化配置，采取多种方式和手段留住人才、引进人才，并将各类人才的潜能最大限度地发挥出来，有效推动全省民营企业向更高更好更快方面发展。

根据全文的研究结果，结合贵州的发展需要，本书在增强贵州自我发展能力方面提出以下区域性政策建议：

第一，工业化是现代化的核心，工业化加快推进也是增强贵州自我发展能力的重要方面。没有工业化的充分发展，建设资金积累、基础设施建设、劳动力素质提高等问题都难以解决。贵州工业化程度低与其地理位置和交通的制约有关，但更多的是与发展理念有关。一些干部群众将工业化与生态环境破坏等同，实际上是严重的错误。贵州的工业化推进应首先扩大规模，与此同时加强节能减排控制；在此基础上推进转型升级。建议在工业强省战略指引下，出台振兴工业推进工业化的具体实施意见和办法。

第二，积极争取减税措施，为企业发展创造条件。贵州宏观税负过高，严重影响企业的生存和发展，也严重影响招商引资。贵州应在现有法律框架内主动减税，并积极向中央政府争取进一步减税。

第三，加快市场化体制建设步伐。自我发展能力既取决于基础设施、固定资本存量、产业体系等硬件，也取决于政策体制环境。贵州的市场化体制进程严重滞后是导致自我发展能力不足的重要原因之一，市场化改革滞后的突出表现之一就是民营经济发展缓慢、创业环境不佳。建议贵州应在国务院2010年鼓励引导民间投资“新三十六条”基础上，尽快出台促进贵州民营经济持续健康发展新条例，切实落实保护民营经济发展的各项具体措施。

第四，进一步提高教育水平，提升人员素质。迄今为止，贵州的劳动人口文盲和半文盲比例远远高于全国平均水平，劳动者综合素质显著落后于全国一般水平。这种状况无法支撑现代产业体系发展，也无法适应现代化建设需要。建议积极争取国务院、国家民委等中央部门的突破性政策支持，加大民族地区的文化与专业技能等方面的教育投入，全面提升人员素质。

附　　录

西部各地特色优势产业分析

（一）内蒙古

本书以煤炭、电力、冶金和农副食品加工业作为内蒙古特色优势产业代表。

2005—2009 年，全自治区规模以上工业总产值从 2995.59 亿元增长到 10699.44 亿元，按可比价格计算增长 2.33 倍，年均增长为 35.05%，创造了“内蒙古奇迹”。其中四大特色优势产业总产值从 1491.44 亿元增长到5089.36 亿元，增长了 1.85 倍，年均增速为 29.92%，说明内蒙古其他产业发展更快，见附表 1。

附表 1　　内蒙古特色优势产业 2005—2009 年增速　　单位：亿元,%

行业	2005 年总产值	2009 年总产值	2009 年较 2005 年增长	2005—2009 年年均增长
总计	2995.59	10699.44	232.59	35.05
煤炭	329.21	1785.72	279.48	39.57
电力	403.87	1115.99	152.05	26.00
冶金	538.33	1423.27	154.15	26.26
农副食品加工业	220.03	764.38	178.91	29.23
四产业合计	1491.44	5089.36	184.90	29.92

资料来源：根据历年《内蒙古统计年鉴》、《中国统计年鉴》和《中国工业经济统计年鉴》计算。增速按可比价格计算。

从经营效益来看，四大特色优势产业总资产贡献率与全部工业相比基本持平，说明全自治区工业企业经营效益水平差异不太大，见附表 2。

附表 2　　2009 年内蒙古特色优势产业资产贡献率

行业	总产值（亿元）	就业人数（万人）	利润总额（亿元）	本年应交增值税（亿元）	资金合计（亿元）	总资产贡献率（%）
总计	10699. 44	110. 40	988. 17	475. 35	11650. 94	15. 25
四行业合计	5089. 36	48. 21	612. 66	288. 65	7025. 09	15. 34
四行业占全部	47. 57	43. 67	62. 00	60. 72	60. 30	100. 56
煤炭	1785. 72	20. 79	437. 36	159. 55	2560. 92	25. 78
电力	1115. 99	9. 87	127. 05	76. 2	2954. 54	9. 43
冶金	1423. 27	11. 13	5. 39	42. 86	1198. 78	6. 36
农副食品加工业	764. 38	6. 42	42. 86	10. 04	310. 85	20. 10

资料来源：《内蒙古统计年鉴》（2010）。

（二）广西

综合自治区“十二五”规划纲要和相关数据分析，我们选择交通运输设备制造业、农副食品加工业、电力、化工作为广西特色优势产业代表。

2005—2009 年广西四大特色优势产业和全部工业均有较快增长，全部工业总产值增幅达到 1. 52 倍，年均 25. 93%；四大行业增长了 1. 37 倍，年均 24. 03%，略低于全部工业，见附表 3。

附表 3　　2005—2009 年广西全部工业和特色优势产业增长情况

行业	2005 年总产值（亿元）	2009 年总产值（亿元）	2009 年较 2005 年增长（%）	2005—2009 年年均增长（%）
总计	2547	6880	151. 50	25. 93
四产业合计	1173	3034	136. 66	24. 03
交通运输设备制造业	336	1015	198. 57	31. 45
农副食品加工业	347	883	104. 49	19. 58
电力、热力的生产和供应业	305	745	122. 67	22. 16
化学原料及化学制品制造业	185	391	107. 38	20. 00

资料来源：根据历年《广西统计年鉴》、《中国统计年鉴》和《中国工业经济统计年鉴》计算。增速按可比价格计算。

从经营绩效来看，广西特色优势产业的总资产贡献率略低于全部工业平均水平，见附表 4。

附表 4　　2009 年广西特色优势产业基本情况

行业	总产值（亿元）	从业人员（万人）	利润总额（亿元）	主营业务税金及附加（亿元）	本年应交增值税（亿元）	利息支出（亿元）	资金合计（亿元）	总资产贡献率（%）
总计	6880.04	122.88	321.27	134.62	239.87	116.98	6840.57	11.88
四行业合计	3033.76	42.18	148.65	38.54	116.40	70.12	3627.53	10.30
四行业占全部	44.10	34.33	46.27	28.63	48.53	59.94	53.03	86.69
交通运输设备制造业	1014.57	9.69	47.24	26.16	33.74	3.18	696.21	15.85
农副食品加工业	883.36	11.81	57.68	3.18	26.32	14.6	765.38	13.30
电力、热力的生产和供应业	745	12.06	33.18	5.77	47.35	47.45	1784.12	7.50
化学原料及化学制品制造业	390.83	8.62	10.55	3.43	8.99	4.89	381.82	7.30

资料来源：《广西统计年鉴》（2010）。

（三）重庆

综合发展现状和重庆市相关规划文件，我们选择交通运输设备制造业、电力、化工和通用设备制造业作为其特色优势产业代表，见附表 5。

附表 5　　重庆国有及规模以上工业基本情况

行业	2005 年总产值（万元）	2009 年总产值（万元）	2009 年价格指数（%）	2009 年总产值（2005 年价，万元）	2009 年较 2005 年增长（%）	2005—2009 年年均增长（%）
总计	25258684	54444456	107.39	50697882	100.71	19.03
四产业合计	13060535	34063819		33277018	154.79	26.34
交通运输设备制造业	8533125	23230575	100.99	23002847	169.57	28.14
电力	1756204	3694613	109.63	3370075	91.90	17.70
化工	1697300	3885428	102.10	3805512	124.21	22.37
通用设备制造业	1073906	3253203	104.99	3098584	188.53	30.33

资料来源：根据历年《重庆统计年鉴》、《中国统计年鉴》和《中国工业经济统计年鉴》计算。增速按可比价格计算。

2009 年，重庆四大特色优势产业创造的总产值占全省规模以上工业的50.29%，占用的总资产占54.35%，总资产贡献率达到10.88%，略低于全省工业平均水平12.12%，见附表6。

附表6　　2009年重庆特色优势产业基本情况

行业	总产值（亿元）	从业人员（万人）	利润总额（亿元）	主营业务税金及附加（亿元）	本年应交增值税（亿元）	利息支出（亿元）	资金合计（亿元）	总资产贡献率（%）
总计	6772.9	137.29	356.2	111.28	243.25	69.66	6438.31	12.12
四行业合计	3406.38	52.94	167.28	48.55	126.41	38.40	3499.35	10.88
四行业占比	50.29	38.56	46.96	43.63	51.97	55.12	54.35	89.74
交通运输设备制造业	2323.06	33.23	107.04	41.36	82.72	9.09	1660.83	14.46
电力、热力的生产和供应业	369.46	5.29	10.99	2.17	16.18	20.83	994.53	5.04
化学原料及化学制品制造业	388.54	7.4	22.7	3.69	17.05	6.54	536.34	9.32
通用设备制造业	325.32	7.02	26.55	1.33	10.46	1.94	307.65	13.09

资料来源：《重庆统计年鉴》（2010）。

（四）四川

从目前的发展基础、四川省基本省情和该省“十二五”规划，本书选择饮料制造、农副产品加工、非金属矿物制品和化学原料及化学制品制造业作为该省的特色优势产业代表。

从增长速度来看，四川省四行业发展速度比较平均，但建材行业增速明显较快，见附表7。

附表7　　2009年四川特色优势产业基本情况

行业	2005年总产值（亿元）	2009年总产值（亿元）	2009年较2005年增长（%）	2005—2009年年均增长（%）
总计	6178.03	18107.65	172.93	28.53
四产业合计	1713.37	5010.18	162.93	27.34
饮料制造	358.23	1015.22	167.15	27.85
农副产品加工	503.62	1537.81	145.22	25.14
非金属矿物制品	311.88	1209.46	249.81	36.76
化学原料及化学制品制造	539.64	1247.69	126.45	22.67

资料来源：根据历年《中国统计年鉴》和《四川统计年鉴》计算。增长速度按可比价格计算。

从经营绩效来看，四川特色优势产业除化工行业略差之外，总体优势明显，特别是饮料（白酒）行业和农副产品加工行业，见附表8。

附表8　　2009年四川特色优势产业经营绩效

行业	总产值（亿元）	从业人员（万人）	利润总额（亿元）	主营业务税金及附加(亿元)	本年应交增值税（亿元）	利息支出（亿元）	资金合计（亿元）	总资产贡献率（%）
总计	18071.68	311.76	1123.7	319.94	644.5	207.26	18042.57	12.72
四行业合计	5003.03	81.18	374.21	86.35	171.55	40.43	3742.21	17.97
四行业占比	27.68	26.04	33.30	26.99	26.62	19.51	20.74	141.26
饮料制造	1013.61	13.6	131.58	45	52.16	4.55	925.21	25.21
农副产品加工	1535.08	17.19	71.79	14.69	38.73	10.07	532.89	25.39
非金属矿物制品	1209.36	28.98	94.98	12.1	47.22	11.03	993.87	16.63
化学原料及化学制品制造	1244.98	21.41	75.86	14.56	33.44	14.78	1290.24	10.75

资料来源：《四川统计年鉴》(2010)。

（五）云南

本书以烟草、电力、有色、煤炭作为云南特色优势产业代表，见附表9。

附表9　　2005—2009年云南特色优势产业发展速度

行业	2005年总产值（亿元）	2009年总产值（%）	2009年较2005年增长（%）	2005—2009年年均增长（%）
总计	2596	4844	73.73	14.81
四产业合计	1344	2455	67.03	13.68
烟草制品业	595	905	49.21	10.52
电力、热力的生产和供应业	303	609	83.41	16.37
有色金属冶炼及压延加工业	402	759	67.90	13.83
煤炭开采和洗选业	44	181	187.07	30.17

资料来源：根据历年《云南统计年鉴》、《中国统计年鉴》和《中国工业经济统计年鉴》计算。增速按可比价格计算。

接下来考察各行业经营绩效，见附表10。

附表10　　　　2009年云南特色优势产业绩效

行业	总产值（亿元）	从业人员（万人）	利润总额（亿元）	主营业务税金及附加（亿元）	本年应交增值税（亿元）	利息支出（亿元）	资金合计（亿元）	总资产贡献率（%）
总计	5197.45	84.2	365.23	442.55	293.64	92.07	8174.12	14.60
四行业合计	2473.87	32.94	198.91	422.86	188.41	52.36	4672.91	18.46
四行业占比	47.60	39.12	54.46	95.55	64.16	56.87	57.17	126.42
烟草	905.23	3.2	110.65	411.04	107.37	-1.52	1110.67	56.50
电力	628.07	7.17	34.43	3.88	40.93	38.99	2310.52	5.12
有色金属冶炼及压延加工业	759.47	10.33	31.45	3.26	21.25	13.35	991.49	6.99
煤炭开采和洗选业	181.1	12.24	22.38	4.68	18.86	1.54	260.23	18.24

资料来源：《云南统计年鉴》（2010）。

云南特色优势产业绩效优于其工业总体情况，但这其中主要是由于烟草行业比重较大、效益突出，电力和有色金属行业效益并不理想，见附表10。

（六）西藏

本书以非金属矿物制品（建材）、饮料、有色金属矿采选业和医药作为西藏特色优势产业代表。之所以舍弃电力行业，是因为该行业存在较为严重的亏损，显然缺乏竞争优势，见附表11。

附表11　　　　2005—2009年西藏特色优势产业发展速度

行业	2005年总产值（万元）	2009年总产值（万元）	2009年较2005年增长（%）	2005—2009年年均增长（%）
总计	336462	657970	82.10	16.17
四产业合计	98679	351550	232.69	35.05
非金属矿物制品业	8042	126427	1318.46	94.07
饮料制造业	29240	87632	182.47	29.64
有色金属矿采选业	15569	74673	360.12	46.46
医药制造业	45828	62818	30.91	6.96

资料来源：根据历年《西藏统计年鉴》、《中国统计年鉴》和《中国工业经济统计年鉴》计算。增速按可比价格计算。

利用《西藏统计年鉴》(2010) 所提供的数据资料，可以计算各行业的总资产贡献率，见附表12。

附表12　　2009年特色优势行业总资产贡献率

行业	总产值（亿元）	从业人员（万人）	利润总额（亿元）	主营业务税金及附加（亿元）	本年应交增值税（亿元）	利息支出（亿元）	资金合计（亿元）
总计	51.6	1.69	6.82	0.8	3.58	251.08	4.57
四行业合计	32.92	0.80	7.61	0.39	2.65	90.11	12.06
四行业占比	63.80	47.34	111.58	48.75	74.02	35.89	264.06
非金属矿物制品业	11.13	0.38	2.07	0.14	0.88	22.18	14.43
饮料制造业	8.46	0.1	1.89	0.04	0.53	12.97	19.35
有色金属矿采选业	7.34	0.19	1.86	0.14	0.62	37.06	7.12
医药制造业	5.99	0.13	1.79	0.07	0.62	17.9	14.08

资料来源：《西藏统计年鉴》(2010)。

（七）陕西

结合统计数据和陕西“十二五”规划纲要，本书以煤炭、石油开采、交通运输设备、石化作为陕西特色优势产业代表，见附表13。

附表13　　2009年陕西工业排序

排序	总产值	增加值	资产总计	利税	从业人员
1	煤炭开采和洗选业	煤炭开采和洗选业	石油和天然气开采业	煤炭开采和洗选业	交通运输设备制造业
2	交通运输设备制造业	石油和天然气开采业	电力、热力的生产和供应业	石油和天然气开采业	煤炭开采和洗选业
3	石油和天然气开采业	石油加工、炼焦及核燃料加工业	煤炭开采和洗选业	石油加工、炼焦及核燃料加工业	石油和天然气开采业
4	石油加工、炼焦及核燃料加工业	交通运输设备制造业	交通运输设备制造业	交通运输设备制造业	专用设备制造业
5	电力、热力的生产和供应业	电力、热力的生产和供应业	石油加工、炼焦及核燃料加工业	烟草制品业	电力、热力的生产和供应业
6	有色金属冶炼及压延加工业	有色金属冶炼及压延加工业	有色金属冶炼及压延加工业	非金属矿物制品业	非金属矿物制品业

资料来源：根据《陕西统计年鉴》(2010) 排序。

2005—2009 年间陕西各行业均获得了较快发展，规模以上工业年均增速达到 23.44%，四大特色优势产业的年平均增速为 22.88%，见附表 14。

附表 14　　2005—2009 年陕西规模以上工业增长情况

行业	2005 年总产值（万元）	2009 年总产值（万元）	2009 年较 2005 年增长（%）	2005—2009 年年均增长（%）
总计	33977121	84704021	132.14	23.44
四产业合计	14336375	38286808	127.99	22.88
煤炭开采和洗选业	1809694	10055833	288.74	40.42
石油和天然气开采业	6227790	9433510	51.05	10.86
交通运输设备制造业	2944976	9490343	219.10	33.65
石油加工、炼焦及核燃料加工业	3353915	9307122	104.13	19.53

资料来源：根据历年《陕西统计年鉴》、《中国统计年鉴》和《中国工业经济统计年鉴》计算。增速按可比价格计算。

行业经营绩效方面我们仍然以总资产贡献率来衡量，见附表 15。

附表 15　　2009 年陕西规模以上工业总资产贡献率

行业	总产值（亿元）	就业人数（万人）	利润总额（亿元）	主营业务税金及附加（亿元）	本年应交增值税（亿元）	资金合计（亿元）	总资产贡献率（%）
总计	8470.4	137.69	854.11	296.61	403.22	12119.26	13.57
四行业合计	3828.67	47.21	651.45	218.03	239.01	5897.57	19.19
四行业占比	45.20	34.29	76.27	73.51	59.28	48.66	141.37
煤炭开采和洗选业	1005.58	16.04	279.81	26.91	113.1	1447.16	29.55
石油和天然气开采业	943.35	10.52	248.28	16.41	70.03	2310.88	14.56
交通运输设备制造业	949.03	17.9	61.95	8.44	22.27	1140.77	8.71
石油加工、炼焦及核燃料加工业	930.71	2.75	61.41	166.27	33.61	998.76	26.87

资料来源：《陕西统计年鉴》(2010)。

（八）甘肃

结合甘肃“十二五”规划纲要，本书以石油开采、石化、有色金属冶炼和电力作为该省特色优势产业的代表。

受多种因素影响，近年来甘肃特色优势产业除石油开采之外增速低于工业总体速度，见附表16。

附表16　　甘肃特色优势产业增速

行业	2005年总产值（亿元）	2009年总产值（亿元）	2009年较2005年增长（%）	2005—2009年年均增长（%）
总计	1988	3770	76.58	15.28
四产业合计	1164	1996	44.93	9.72
石油和天然气开采业	89	198	120.65	21.88
石油加工、炼焦及核燃料加工业	486	762	15.24	3.61
有色金属冶炼及压延加工业	342	648	68.32	13.90
电力、热力的生产和供应业	247	388	43.64	9.48

资料来源：根据历年《甘肃发展年鉴》、《中国统计年鉴》和《中国工业经济统计年鉴》计算。增速按可比价格计算。

甘肃工业的优势依然在于石油开采和石油化工行业，见附表17。

附表17　　2009年甘肃特色优势产业经营绩效

行业	总产值（亿元）	就业人数（万人）	利润总额（亿元）	主营业务税金及附加（亿元）	本年应交增值税（亿元）	利息支出（亿元）	资金合计（亿元）	总资产贡献率（%）
总计	3770.38	69.03	169.1	177.8	145.19	57.17	5290.54	10.38
四行业合计	1995.58	19.97	93.13	130.71	76.25	33.92	2648.55	12.61
四行业占比	52.93	28.93	55.07	73.52	52.52	59.33	50.06	118.07
石油和天然气开采业	197.69	1.58	47.26	3.22	9.18	0.41	268.19	22.40
石油加工、炼焦及核燃料加工业	761.76	3.23	25.27	122.98	34.63	1.67	393.29	46.92

续表

行业	总产值（亿元）	就业人数（万人）	利润总额（亿元）	主营业务税金及附加（亿元）	本年应交增值税（亿元）	利息支出（亿元）	资金合计（亿元）	总资产贡献率（%）
有色金属冶炼及压延加工业	647.78	7.73	25.36	1.83	12.72	9.56	932.3	5.31
电力、热力的生产和供应业	388.35	7.43	-4.76	2.68	19.72	22.28	1054.77	3.78

资料来源：《甘肃发展年鉴》（2010）。

（九）青海

本书借助于《青海统计年鉴》中所提供的“四大优势产业”资料，以冶金、医药制造、农副产品加工、建材作为特色优势产业代表，见附表18。

附表18　　2009年四大优势产业在工业中的地位

行业	总产值（亿元）	就业人数（万人）	利润总额（亿元）	主营业务税金及附加（亿元）	本年应交增值税（亿元）	利息支出（亿元）	资金合计（亿元）	总资产贡献率（%）
总计	1080.35	17.8	100.02	34.42	46.93	34.16	2525.56	8.53
四行业合计	193.26	4.08	4.75	1.66	6.81	4.49	269.42	6.57
四行业占比	17.89	22.92	4.75	4.82	14.51	13.14	10.67	77.03
冶金	116.93	1.97	-0.1	0.98	3.97	3.46	157.64	5.27
医药制造	17.22	0.45	0.56	0.1	0.58	0.17	32.57	4.33
农副食品加工	16.95	0.3	0.37	0.02	0.15	0.23	19.12	4.03
建材	42.16	1.36	3.92	0.56	2.11	0.63	60.09	12.02

资料来源：《青海统计年鉴》（2010）。

从行业发展速度来看，青海的四大优势产业中冶金行业近年来发展形势并不好，所以严格说来不能算作“优势产业”，但医药、建材却发展迅速，见附表19。

附表 19　　青海四大优势产业增速

行业	2005 年总产值（万元）	2009 年总产值（万元）	2009 年较 2005 年增长（%）	2005—2009 年年均增长（%）
总计	4878600	10803488	106. 21	19. 83
四产业合计	1563424	1926614	15. 71	3. 72
冶金	1422851	1197986	－19. 07	－5. 15
医药制造业	23114	172244	611. 67	63. 33
畜产品加工业	35440	90246	104. 44	19. 57
建材业	82019	466138	412. 79	50. 48

资料来源：根据历年《青海统计年鉴》、《中国统计年鉴》和《中国工业经济统计年鉴》计算。增速按可比价格计算。

（十）宁夏

本书以电力、煤炭、石化、有色作为宁夏特色优势产业的代表，见附表 20。

附表 20　　宁夏特色优势产业增速

行业	2005 年总产值（万元）	2009 年总产值（万元）	2009 年较 2005 年增长（%）	2005—2009 年年均增长（%）
总计	6715450	14644914	103. 07	19. 37
四产业合计	3435821	7548860	77. 64	15. 45
电力	1290008	2147772	51. 87	11. 01
煤炭	696607	2098336	110. 73	20. 49
石油加工及炼焦业	647599	1681029	90. 95	17. 55
有色金属冶炼及压延加工业	801607	1621723	79. 61	15. 77

资料来源：根据历年《宁夏统计年鉴》、《中国统计年鉴》和《中国工业经济统计年鉴》计算。增速按可比价格计算。

2009 年，宁夏规模以上工业总资产贡献率为 7. 50%，其中四大特色优势产业总资产贡献率达到 7. 13%，略低于平均水平，见附表 21。

附表 21　　2009 年宁夏特色优势产业经营绩效

行业	总产值（亿元）	就业人数（万人）	利润总额（亿元）	主营业务税金及附加（亿元）	本年应交增值税（亿元）	资金合计（亿元）	总资产贡献率（%）
总计	1461.58	27.28	83.76	27.18	53.81	2676.61	7.50
四行业合计	754.88	12.85	46.92	24.22	31.79	1726.48	7.13
四行业占比	51.65	47.10	56.02	89.11	59.08	64.50	95.10
电力	214.78	2.49	9.49	1.42	11.33	571.61	6.19
煤炭	209.83	6.11	26.59	5.32	11.41	634.86	6.90
石油加工及炼焦业	168.1	1.85	6.6	16.72	4.54	210.28	13.93
有色金属冶炼及压延加工业	162.17	2.4	4.24	0.76	4.51	309.73	4.73

资料来源：《宁夏统计年鉴》(2010)。

（十一）新疆

本书选择石油开采（石油和天然气开采业）、石油加工（石油加工、炼焦及核燃料加工业）、电力（电力、热力的生产和供应业）和煤炭（煤炭开采和洗选业）作为新疆的特色优势产业，见附表 22。

附表 22　　2005—2009 年新疆特色优势产业增速

行业	2005 年总产值（亿元）	2009 年总产值（亿元）	2009 年较 2005 年增长（%）	2005—2009 年年均增长（%）
总计	2358.83	4184.50	65.19	13.37
四产业合计	1426.50	2131.00	28.74	6.52
石油开采	783.68	855.42	8.85	2.14
石油加工	498.30	859.80	26.93	6.14
电力	117.59	282.45	119.10	21.66
煤炭	26.93	133.33	246.33	36.42

资料来源：根据历年《新疆统计年鉴》、《中国统计年鉴》和《中国工业经济统计年鉴》计算。增速按可比价格计算。

新疆四大特色优势产业在 2005—2009 年间平均增速仅为 6.52%，约为全部规模以上工业总体增速的一半，情况并不理想，但也说明新疆新兴产业发展较快，见附表 23。

附表 23　　2009 年新疆特色优势产业经营绩效　　单位：亿元，%

行业	总产值（亿元）	就业人数（万人）	利润总额（亿元）	主营业务税金及附加(亿元)	本年应交增值税(亿元)	资金合计（亿元）	总资产贡献率（%）
总计	4001. 12	58. 25	484. 58	192. 93	180. 11	6438. 07	14. 16
四行业合计	2131. 00	25. 10	355. 15	172. 60	119. 79	3747. 24	17. 97
四行业占比	53. 26	43. 09	73. 29	89. 46	66. 51	58. 20	126. 88
石油开采	855. 42	10. 72	289. 1	29. 68	67. 81	1854. 64	21. 09
石油加工	859. 8	3. 82	35. 2	138. 37	28. 04	697. 83	29. 16
电力	282. 45	5. 09	16. 28	1. 68	12. 42	905. 89	5. 34
煤炭	133. 33	5. 47	14. 57	2. 87	11. 52	288. 88	10. 50

资料来源：根据《新疆统计年鉴》(2010) 计算。

参考文献

1.《贵州统计年鉴》(历年)。
2.《辉煌 50 年·贵州》多媒体光盘编辑委员会:《辉煌 50 年·贵州》,贵州人民出版社 1999 年版。
3.《中国工业经济统计年鉴》(历年)。
4.《中国统计年鉴》(历年)。
5. 阿马蒂亚·森:《以自由看待发展》,中国人民大学出版社 2002 年版。
6. 白雪梅、赵峰:《我国区域经济趋同测度研究:基于面板数据空间计量模型的分析》,《财经问题研究》2011 年第 4 期。
7. 白雪梅等:《地区基本资源优势度的综合比较研究》,《财经问题研究》1998 年第 9 期。
8. 陈得文、苗建军:《空间集聚与区域经济增长内生性研究:基于 1995—2008 年中国省域面板数据分析》,《数量经济技术经济研究》2010 年第 9 期。
9. 陈黎敏:《中国各地区金融发展与经济增长的关系分析》,《货币银行》2011 年第 8 期。
10. 陈璞如:《时代的决策、历史的贡献——贵州三线建设琐忆》,http://www.gzlps.gov.cn/art/2008/1/15/art_29_500.html。
11. 成学真、陈小林:《区域发展自生能力界定与评价指标体系构建》,《内蒙古社会科学》(汉文版)2010 年第 1 期。
12. 程启智、汪剑平:《区域经济非平衡发展:表现形式、根源与分析框架》,《江西社会科学》2009 年第 10 期。
13. 单豪杰:《中国资本存量 K 的再估算:1952—2006 年》,《数量经济技术经济研究》2008 年第 10 期。
14. 樊纲、王小鲁、马光荣:《中国市场化进程对经济增长的贡献》,《经济研究》2011 年第 9 期。

15. 樊纲等：《中国各地区市场化相对进程报告》，《经济研究》2003 年第 3 期。
16. 方行明等：《中国西部工业发展报告（2011）》，中国社会科学文献出版社 2011 年版。
17. 盖文启、蒋振威、丁斑：《我国区域经济发展差异性研究：1978—2008 年我国人均 GDP 发展趋势实证分析》，《经济学动态》2010 年第 9 期。
18. 干春晖、郑若谷：《中国地区经济差距演变及其产业分解》，《中国工业经济》2010 年第 6 期。
19. 高全成、王恩胡：《西部地区特色优势产业发展状况综述》，《西安财经学院学报》2008 年第 5 期。
20. 高志刚：《基于组合评价的中国区域竞争力实证分析》，《综合竞争力》2010 年第 3 期。
21. 贵州各相关规划、文件。
22. 贵州省统计局、国家统计局贵州调查总队：《贵州六十年》，中国统计出版社 2009 年版。
23. 国家领导人和贵州省委书记、省长部分讲话。
24. 国家统计局：《新中国 60 年统计资料汇编》，中国统计出版社 2009 年版。
25. 侯景新等：《区域经济分析方法》，商务印书馆 2004 年版。
26. 胡杰、赵媛：《区域金融发展与经济增长关系的文献评述》，《国外理论动态》2008 年第 8 期。
27. 胡永远：《人力资本积累与地区经济增长的联动关系分析》，《中国人口·资源与环境》2011 年第 12 期。
28. 华颖、曲东：《金融中介发展与经济增长研究述评》，《货币银行》2011 年第 10 期。
29. 黄勇峰、任若恩等：《中国制造业资本存量永续盘存法估计》，《经济学》（季刊）2002 年第 2 期。
30. 江世银等：《增强西部地区发展能力的长效机制和政策》，中国社会科学出版社 2009 年版。
31. 金碚：《论企业竞争力的性质》，《中国工业经济》2001 年第 10 期。
32. 景普秋：《资源诅咒：研究进展及其前瞻》，《当代财经》2010 年第

11 期。
33. 雷鹏：《人力资本、资本存量与区域差异：基于东西部地区经济增长的实证研究》，《社会科学》2011 年第 3 期。
34. 李刚、贾威、潘浩敏：《地区差异、收敛路径和经济政策》，《安徽大学学报》（哲学社会科学版）2009 年第 2 期。
35. 李平、王春晖、于国才：《基础设施与经济发展的文献综述》，《世界经济》2011 年第 5 期。
36. 李庆春：《基于区域自生能力的中部崛起战略》，《特区经济》2007 年第 2 期。
37. 李善同、许召元：《中国区域差距的现状与趋势》，《中国发展评论》（中文版）2008 年第 1 期。
38. 李善同等：《2030 年的中国经济》，经济科学出版社 2011 年版。
39. 李涛、黄纯纯、周业安：《税收、税收竞争与中国经济增长》，《世界经济》2011 年第 4 期。
40. 李喆：《地方政府财力集中度与经济增长的关系研究：基于 1978—2009 年省际面板数据的计量分析》，《中央财经大学学报》2011 年第 10 期。
41. 梁琦：《产业集聚论》，商务印书馆 2004 年版。
42. 林民书等：《地区经济发展差距与资源配置能力问题研究》，《区域与城市经济》2010 年第 12 期。
43. 林毅夫：《自生能力、经济发展与转型》，北京大学出版社 2004 年版。
44. 林毅夫等：《比较优势、竞争优势与发展中国家的经济发展》，《管理世界》2003 年第 12 期。
45. 刘秉镰、武鹏、刘玉海：《交通基础设施与中国全要素生产率增长：基于省域数据的空间面板计量分析》，《中国工业经济》2010 年第 3 期。
46. 刘德学、熊芳：《“金融抑制”对经济增长方式转变的影响》，《现代经济探讨》2011 年第 3 期。
47. 刘生龙、王亚华、胡鞍钢：《西部大开发成效与中国区域经济收敛》，《经济研究》2009 年第 9 期。
48. 卢方元、靳丹丹：《我国 R&D 投入对经济增长的影响：基于面板数据的实证分析》，《中国工业经济》2011 年第 3 期。
49. 芦岩等：《国内区域竞争力研究综述：历程、问题与进展》，《河南社会科学》2006 年第 4 期。
50. 鲁晓东：《我国对外开放与收入差距：基于地区和行业的考察》，《世界经济研究》2007 年第 8 期。
51. 路江涌、陶志刚：《我国制造业区域集聚程度决定因素的研究》，《经济学》（季刊）2007 年第 3 期。
52. 罗斯托：《经济增长的阶段》，中国社会科学出版社 2001 年版。
53. 迈克尔·波特：《竞争论》，中信出版社 2003 年版。
54. 孟建军：《地区金融发展促进当地经济增长的作用和途径》，《首都经济贸易大学学报》2011 年第 4 期。
55. 潘文卿等：《中国区域市场的分割与融合》，《兰州大学学报》2011 年第 4 期。
56. 秦劲松、肖加元：《我国地方税税负差异测度及其影响因素实证研究》，《中央财经大学学报》2011 年第 5 期。
57. 邵帅、齐中英：《西部地区的能源开发与经济增长：基于“资源诅咒”假说的实证分析》，《经济研究》2008 年第 4 期。
58. 邵帅、杨莉莉：《自然资源丰裕、资源产业依赖与中国区域经济增长》，《管理世界》2010 年第 9 期。
59. 沈坤荣、耿强：《外国直接投资、技术外溢与内生经济增长：中国数据的计量检验与实证分析》，《中国社会科学》2001 年第 5 期。
60. 世界银行：《1994 年世界发展报告》（中文版），中国财政经济出版社 1994 年版。
61. 孙久文、邓慧慧：《京津冀区域趋同的实证分析》，《地理与地理信息科学》2006 年第 5 期。
62. 陶建宏、师萍：《西部地区 R&D 投入与经济增长关系的协整分析》，《改革与战略》2011 年第 4 期。
63. 统计科研所、信息化统计评价研究组：《“十一五”时期中国信息化发展指数（IDI）研究报告——中国信息化发展水平的监测与评估》，《中国信息界》2010 年第 12 期。
64. 汪青松等：《比较优势、竞争优势和后发优势：中国经济发展战略的选择》，《商业研究》2005 年第 8 期。
65. 王必达、王春晖：《“资源诅咒”：制度视域的解析》，《复旦学报》（社会科学版）2009 年第 5 期。

66. 王科：《中国贫困地区自我发展能力解构与培育：基于主体功能区的新视角》，《甘肃社会科学》2008 年第 3 期。
67. 王琴梅等：《我国 R&D 投入与经济增长驱动关系的实证研究：基于 LMDI 分解法》，《经济经纬》2011 年第 5 期。
68. 王勤：《当代国际竞争力理论与评价体系综述》，《国外社会科学》2006 年第 6 期。
69. 王文举、范合君：《我国市场化改革对经济增长贡献的实证分析》，《中国工业经济》2007 年第 9 期。
70. 王业强、魏后凯：《产业特征、空间竞争与制造业地理集中：来自中国的经验证据》，《管理世界》2007 年第 4 期。
71. 魏后凯等：《现代区域经济学》（修订版），经济管理出版社 2011 年版。
72. 魏后凯等：《中国区域政策：评价与展望》，经济管理出版社 2011 年版。
73. 魏下海：《基础设施、空间溢出与区域经济增长》，《经济评论》2010 年第 4 期。
74. 吴晓晖、叶瑛：《市场化进程、资源获取与创业企业绩效：来自中国工业企业的经验证据》，《中国工业经济》2009 年第 5 期。
75. 吴玉霞、杨华：《税收的经济增长效应：基于经济增长理论的一个述评》，《税务与经济》2011 年第 5 期。
76. 西部各地“十二五”规划纲要。
77. 西部各地统计年鉴。
78. 谢群、潘玉君：《中国内地各省区 1952—2009 年实物资本存量估算》，《当代经济》2011 年第 1 期。
79. 徐康宁、王剑：《自然资源丰裕程度与经济发展水平关系的研究》，《经济研究》2006 年第 1 期。
80. 徐康宁等：《自然资源丰裕程度与经济发展水平关系的研究》，《经济研究》2006 年第 1 期。
81. 许召元、李善同：《近年来中国地区差距的变化趋势》，《经济研究》2006 年第 7 期。
82. 闫磊、姜安印：《区域自我发展能力的内涵和实现基础：空间管制下区域自我发展能力研究》，《甘肃社会科学》2011 年第 2 期。
83. 姚慧琴等：《中国西部经济发展报告（历年）》，中国社会科学文献出版社 2007 年版。

84. 于术桐等:《中国各省区资源优势与经济优势比较研究》,《长江流域资源与环境》2008 年第 2 期。
85. 鱼小强:《对增强西部地区自我发展能力的思考》,《商洛师范专科学校学报》2002 年第 3 期。
86. 岳利萍、吴振磊、白永秀:《中国资源富集地区资源禀赋影响经济增长的机制研究》,《中国人口·资源与环境》2011 年第 10 期。
87. 曾培炎:《西部大开发决策回顾》,中共党史出版社、新华出版社 2010 年版。
88. 张才良:《贵州三线建设述论》,《党史研究与教学》2004 年第 4 期。
89. 张晨峰:《我国区域经济收敛性研究》,《经济纵横》2011 年第 12 期。
90. 张海峰、姚先国、张俊森:《教育质量对地区劳动生产率的影响》,《经济研究》2010 年第 7 期。
91. 张继良等:《区域产业竞争力评价体系研究:基于江苏产业转型升级背景》,《产业经济研究》2010 年第 6 期。
92. 张建辉、靳涛:《经济自由与可持续经济增长:中国的检验(1978—2008)》,《中国工业经济》2011 年第 4 期。
93. 张军、章元:《对中国资本存量 K 的再估计》,《经济研究》2003 年第 7 期。
94. 张小蒂等:《略论"比较优势陷阱"》,《商业研究》2001 年第 12 期。
95. 张晓辉:《比较优势陷阱与中国外贸发展战略选择》,《改革与战略》2004 年第 9 期。
96. 赵鹏大等:《关于矿产资源竞争力评价问题》,《世界科技研究与发展》1998 年第 6 期。
97. 赵奇伟等:《中国三大市场分割程度的比较分析:时间走势与区域差异》,《世界经济》2009 年第 6 期。
98. 中央有关文件。
99. 周业安、章泉:《参数异质性经济趋同与中国区域经济发展》,《经济研究》2008 年第 1 期。
100. 朱承亮等:《人力资本、人力资本结构与区域经济增长效率》,《中国软科学》2011 年第 2 期。
101. 邹至庄:《中国的资本形成与经济增长》,《数量经济技术经济研究》1995 年第 3 期。

102. The economic performance of regions, Regional Studies, 2003, 37: 549 –578.

103. [英] 亚当·斯密著:《国富论》, 富强译, 陕西师范大学出版社 2010 年版。

104. Alexander Gerschenkron, *Economic Backwardness in Historical Perspective*. Harvard University Press, 1962.

105. Auty , R. M. , Resource – Based Industrialization : Sowing the Oil in Eight Developing Countries , New York: Oxford University Press, 1990.

106. Auty, R. M. , Industrial policy reform in six large newly industrializing countries: The resource curse thesis. World Development, 1994, 22, 11 –26.

107. Auty, R. M. , Natural resource endowment, the state and development strategy. Journal of International Development , 1997, 9, 651 –63.

108. Auty, R. M. , The political economy of resource-driven growth. European Economic Review, 2001, 45, 839 –846.

109. Bai, C. , Du, Y. , Tao, Z. , and Tong, S. , Local Protectionism and Regional Specialization: Evidence from China's Industries. Journal of International Economics, 2004, 63, 397 –417.

110. Chow, Gregory C. , Capital Formation and Economic Growth in China . Quarterly Journal of Economics, Vol. 108, Issue 3: 809 –842.

111. De Long, J. B. , and J. G. Williamson. "Natural Resources and Convergence in the Nineteenth and Twentieth Centuries", Unpublished Paper, Harvard University, 1994.

112. Dixit, Avinash K. and Joseph E. Stiglitz: "Monopolistic Competition and Optimum Product Diversity", American Economic Review, 1977, 67, 297 –308.

113. Drèze, J. P. and Sen, A. K. India: Economic Development and Social Opportunity, Oxford University Press, 1995.

114. Easton S. T. , and M. A. Walker, Income, Growth, and Economic Freedom . American Economic Review, 1997, (87) .

115. E. 赫尔普曼:《经济增长的秘密》(中译本), 中国人民大学出版社 2007 年版。

116. Gelb , A. H. , Windfall Gains: Blessing or Curse ?, ed. New York : Oxford University Press, 1988.

117. Gelb, A. H. Windfall Gains: Blessing or Curse?, New York: Oxford U-

niversity Press, 1988.

118. Goodchild, M. F. , and R. P. Haining. GIS and spatial data analysis: Converging perspectives. Papers in Regional Science, 2004, 83: 363 – 385.

119. Guiso, Luigi, Paola Sapienza and Luigi Zingales, Does Local Financial Development Matter? http: //www. nber. org/papers/w8923, 2002.

120. Handbook of Urban and Regional Economics, J. V. Henderson and J – F Thisse (eds).

121. Jeffrey D. Sachs and Andrew M. Warner, Natural Resource Abundance and Economic Growth, NBER working paper , 1997.

122. Klaus Schwab, The Global Competitiveness Report: 2010 – 2011, World Economic Forum.

123. Krugman, P. , Increasing returns and economic geography. Journal of Political Economy, 1991, 99: 183 – 199.

124. Mankiw N. G. , D. Romer, and D. N. Weil, A Contribution to the Empirics of Economic Growth . Quarterly Journal of Economics, 1992, (107).

125. Muellbauer, J. , Productivity and Competitiveness, Oxford Review of Economic Policy, Vol. 7, No. 3, 1991.

126. North D. C. , Institutional Change and Economic Growth. Journal of Economic History, 1971, (31) .

127. North D. C. , Institutions, Institutional Change and Economic Performance. Cambridge: Cambridge University Press, 1990.

128. N. Gregory Mankiw, The Growth of Nations , Brookings Papers on Economic Activity, 1: 1995 ; George Petrakos et al. , Determinants of Economic Growth: The Experts' View, DYNREG Working Papers 2007.

129. Penrose, E. T. , The Theory of the Growth of the Firm. New York: John Wiley, 1959.

130. Ponect S:《中国市场正在走向“非一体化”?——中国国内和国际市场一体化程度的比较分析》,《世界经济文汇》2002 年第 1 期。

131. Porter, M. E. , Location, competition, and economic development: Local clusters in a global economy. Economic Development Quarterly, 2000, 14 (1): 15 – 34.

132. Richardson, G. B. , The Organization of Industry, Economic Journal,

1972, Vol. 82, pp. 883 –896.

133. Roberta Capello and Peter Nijkamp, Cheltenham (ed.), Handbook of Regional Growth and Development Theories, UK and Northampton, MA, USA: Edward Elgar, 2009.

134. Rémy Prud' homme, Infrastructure and Development, Paper prepared for the ABCDE (Annual Bank Conference on Development Economics), May 3 –5, 2004.

135. Sachs, J. D., & Warner, A. M. (1997). Sources of slow growth in African economies. Journal of African Economies, 6, 335 –76.

136. Sachs, J. D., & Warner, A. M. (1999). The big push, natural resource booms and growth. Journal of Development Economics. 59, 43 –76.

137. Sachs, J. D., & Warner, A. M. (2001). The curse of natural resources. European Economic Review, 45, 827 –838.

138. Sala –i –Martin X., Subramanian A., Addressing the Natural Resource Curse: An Illustration from Nigeria. 2003. http://www.econ.upf.edu/docs/papers/downloads/685.pdf.

139. Solow, Robert M., A Contribution to the Theory of Economic Growth. Quarterly Journal of Economics, 1956, 70 (1): 65 –94.

140. Sylvie Démurger 等:《地理位置与优惠政策对中国地区经济发展的相关贡献》,《经济研究》2002 年第 9 期。

141. UNIDO, Industrial Development Report 2009: Breaking In and Moving Up: New Industrial Challenges for the Bottom Billion and the Middle –Income Countries.

142. Young, A., Gold into Base Metals: Productivity Growth in the People's Republic of China during the Reform Period, NBRE working paper, No. 7856, 2000.

致　谢

1983 年大学毕业，短暂从事技术工作后就一直与经济和管理工作结下不解之缘。为了提高管理水平，2006 年我参加了项目管理（MPM）学习，获得硕士学位；为了提高对变幻莫测的经济世界的判断能力，2009 年我跨入四川大学继续我的博士求学生涯。

求学在成都，管理的项目在遵义，家在贵阳。三年以来，我在三地间不断辗转奔波，忙得不亦乐乎，说实在的还真有点累。但每当走进校园，坐在教室里，那种感觉就是再累也快乐。我的导师邓玲教授和杜肯堂教授、李天德教授、蒋永穆教授、朱方明教授、张衔教授等老师们的谆谆教诲至今还回响在耳旁。

我非常庆幸能够师从邓玲教授，邓玲教授厚实的学术基础，严谨的学术态度、宽容的待人品质和严爱相加的导师风范影响和鞭策着我。

我的选题凝集了导师的心血，三年来，每次与导师见面，她的教诲、点拨、解读都让我终生难忘；每次与同学探讨，他们的见解、交流、碰撞都让我受益匪浅。三年的求学，我正渐渐走入经济学的殿堂。感谢导师与同学们，有幸成为你们当中的一员我感到由衷的高兴。

我要感谢曾羽师兄，是他的友好推荐才让我有机会结识川大的学人；我要由衷地感谢陈晓南、白明两位教授，林琳研究员，他们亦师亦友的帮助让我沐浴在学术研究自由探索的氛围之中；我要感谢曾海鹰、姚旻、单晓娅、杜建军、陈旖、刘丽娟、边燕燕、王琳梅等同门师兄师姐妹们，他（她）们的帮助和提携让我在师门中快乐无忧地交流；要感谢邱鹏、刘若霞、杨莲、何克东、高润喜、黄林、李志鹏同级同门师弟师妹们，他（她）们在我三年的学习中与我同桌研修，情意深长，终生难忘。我还要感谢袁芸、涂妍、王明亮、林刚、胡茜、王绍文、刘肇军、何萍、陈文富等各位师长的无私帮助，他们的帮助让我非常感动。

我还要感谢久联集团的周天爵董事长、罗德丕总经理等领导和陈信鸿、李自强等同事们，他们的关心与支持极大地支撑了我的求学，使我能顺利地平衡学习与工作之间的时间资源。

我要感谢家人的支持和帮助，尤其要感谢我的父母、我的妻子郭梅华女士和女儿李雨珊的无私帮助，没有她们的理解与鼓励，我不可能完成学业。路漫漫其修远兮，学业无尽头，我将以此为起点从头越，开始我学术生涯的长征。

李　鸿

2015 年 4 月